BASTEI
LÜBBE

Von der Bestsellerautorin Mary Ellen erschienen außerdem bei BASTEI-LÜBBE:

66 048   GERANIEN & KAFFEESATZ, Bd. 1
66 089   GERANIEN & KAFFEESATZ, Bd. 2
66 051   DER FLIEGENDE PFANNKUCHEN
66 087   DIE MARY-ELLEN-DIÄT
66 124   REISSVERSCHLUSS & ROTWEINFLECK

Mary Ellen

Die besten Tips für kluge Köpfe

Aus dem Amerikanischen von
Maren Feile und Florian Wildloff

Zeichnungen von Josef Blaumeiser

BASTEI-LÜBBE-TASCHENBUCH
Band 66 133

Titel der Originalausgabe:
Mary Ellen's Helpful Hints, Mary Ellen's Best of Helpful Kitchen Hints,
Mary Ellen's Thousand New Helpful Hints
© 1976/1983 by Mary Ellen Enterprises
© für die deutsche Ausgabe: 1985 Delphin Verlag GmbH,
München und Zürich
Lizenzausgabe: Gustav Lübbe Verlag GmbH, Bergisch Gladbach
Printed in West Germany 1987
Einbandgestaltung: Josef Blaumeiser/Tudor Codalbu
Gesamtherstellung: Ebner Ulm
ISBN 3-404-66133-8

Der Preis dieses Bandes versteht sich
einschließlich der gesetzlichen Mehrwertsteuer

Das Beste
von Mary Ellen

Die besten und originellsten Tips aus Mary Ellens ersten drei Büchern wurden in diesem Sammelband zusammengestellt. Ob es nun um die berühmten Geranien geht, die erst mit Hilfe von Kaffeesatz so richtig schön blühen, oder um den Angorapullover, der nach einem kurzen Durchfrieren im Tiefkühlfach nicht mehr fusselt, um die Lackschuhe, die man mit Vaseline, aber auch mit Zwiebelsaft auf Hochglanz bringt, oder auch darum, wie man Nagellöcher in der Wand mit Zahnpasta unsichtbar macht – Mary Ellen weiß Rat. Millionen von Lesern in der ganzen Welt haben sich von ihren Tips inspirieren lassen. In diesem vorliegenden Buch finden Sie eine Auswahl, die alle Tips aus den verschiedensten Gebieten vereinigt.

Es gibt Koch- und Spartips, Reinigungs-Tips, Haustier-Tips, Kinder-Tips, Garten- und Blumen-Tips, Näh-Tips, Tips fürs Festefeiern, Tips für Heimwerker und vieles mehr.

Sie haben ein Problem? Mary Ellen weiß Rat. Sie hat alte Rezepte und Hausmittelchen ausgegraben, aber sie kennt auch verblüffend moderne Tips – und der Humor kommt dabei auch nicht zu kurz.

Inhalt

Das hohe C der guten Küche
Die besten Koch-Tips 9

Gugelhupf und Hefezopf
Die besten Tips zum Backen 39

Apfel, Birne, Kirsche, Nuß...
Die besten Küchentips für Obst 45

Immer frisch und knackig
Die besten Tips zum Frischhalten von
Nahrungsmitteln – und manches andere 51

Eiszapfen und gefrorener Fisch
Die besten Küchentips zum Einfrieren 55

Pfeffer macht scharf!
Die besten Tips zum Würzen 60

Pfiffiges...
Die besten allgemeinen Küchentips 68

Das Küchengespenst
Die besten Küchentips, wenn etwas
schiefgegangen ist 73

Die hohe Schule der Raumkosmetik
Die besten Tips zur Küchenreinigung 79

Mit viel Gefühl...
Die besten Tips für das Badezimmer 88

Der Holzwurm läßt schön grüßen!
Die besten Tips zur Möbelpflege 92

Perser, Berber, Auslegware
Die besten Tips zur Teppichreinigung 100

Spiegelglattes Glanzparkett
Die besten Tips für Fußböden 104

Bilderrahmen – Bügeleisen – Lockenwickler – Fensterglas – Ölgemälde – Alleskleber
Die besten Tips für verschiedene Reinigungsprobleme . . 109

Mit Adam fing das Waschen an
Die besten Tips für die Wäschepflege 114

Kleider machen Leute
Die besten Pflegetips für Schuhe, Kleider, Pelz, Schmuck 127

Das tapfere Schneiderlein
Die besten Tips fürs Nähen 139

Schönheit muß (manchmal) leiden
Die besten Tips für die Schönheitspflege 147

Nur für Erwachsene!
Die besten Tips für den Umgang mit Kindern 157

Wie Hund und Katz

Die besten Tips für Haustiere 167

Der Mäusefänger

Die besten Tips gegen Schädlinge 173

Rosen, Tulpen, Nelken...

Die besten Tips für Zimmerpflanzen und Garten 177

Den Nagel auf den Kopf getroffen

Die besten Tips für Heimwerker 189

Rollenspiel

Die besten Tips zum Tapezieren und Malen 201

Jetzt helfe ich mir endlich selbst!

Die besten Tips fürs Auto 213

Feste feiern, wann sie fallen

Die besten Tips für Geschenke, Partys und
festliche Anlässe 223

Wenn einer eine Reise tut

Die besten Reisetips 234

Organisation ist alles

Die besten Tips für Haus- und Familienangelegenheiten 240

Nicht weitersagen!

Meine 20 schlausten Geheimtips 245

Das hohe C
der guten Küche

Die besten Koch-Tips

Das griffbereite Rezept

o Ihre Rezeptkarte oder ein ausgeschnittenes Rezept haben Sie stets übersichtlich und sauber zur Hand, wenn Sie es zwischen die Zinken einer Gabel klemmen und diese dann in einen Becher stellen.

o Oder bringen Sie einen Haken (oder eine Wäscheklammer) an die Tür eines Hängeschrankes an und befestigen dort das benötigte Rezept.

Saubere Rezepte

o Um Kochbücher oder Rezepte während des Kochens vor dem Verschmutzen zu schützen, legen Sie doch einfach den Deckel einer gläsernen Auflaufform darüber. Er wirkt außerdem wie ein Vergrößerungsglas!

o Spritzer auf Rezeptkarten lassen sich schnell wieder abwischen, wenn Sie die Karten vorher mit Haarspray präpariert

o oder mit Klarsichtfolie überzogen

o oder mit farblosem Nagellack bestrichen haben.

Ein Kochbuch up-to-date

○ Sie haben jetzt ein noch besseres Rezept gefunden als dasjenige im Kochbuch? Schreiben Sie es auf eine Kartei- oder Briefkarte und kleben es mit Tesafilm über das alte Rezept. So finden Sie es leicht mit Hilfe des alten Inhaltsverzeichnisses wieder.

○ Ein Briefumschlag, auf die Innenseite des Kochbuchdeckels geklebt, bietet eine gute Möglichkeit, lose Rezepte oder Zeitungsausschnitte aufzubewahren.

Alles über Suppen

Suppen – weder angebrannt, klumpig noch geronnen

○ Gibt es heute Erbsensuppe? Dann legen Sie eine Scheibe Weißbrot mit in den Topf, und die Erbsen werden nicht am Boden ansetzen oder anbrennen.

○ Damit die Sahne oder Milch, die zum Beispiel Ihre Tomatensuppe verfeinern soll, nicht gerinnt, gießen Sie die Suppe in die Sahne und nicht umgekehrt.

○ Oder man rühre etwas Mehl unter die Milch und schlage diese mit einem Schneebesen unter die heiße Suppe.

○ Ihre Suppe wird wunderbar glatt, wenn Sie die benötigte Grieß- oder Mehlzutat durch einen Trichter in die heiße Brühe einlaufen lassen.

○ Bei Fischsuppen sollte man die eventuell dafür vorgesehenen Muscheln erst kurz vor dem Anrichten hineingeben, da sie leicht breiig werden und den Geschmack verlieren.

Angebrannte Suppe

○ Den Topfinhalt vorsichtig in einen anderen Topf umgießen. Der angebrannte Bodensatz muß zurückbleiben.

Rund um den Knochen

○ Fleischbrühe erhält eine schöne dunkelbraune Farbe, wenn man die Knochen vorher gut anbrät.

○ Knochen für Brühe immer in kaltem, leicht gesalzenem Wasser aufsetzen.

- Vorher ausgelöste Knochen von Koteletts, Braten oder Huhn nicht wegwerfen. Entweder gleich für eine Suppe auskochen oder einfrieren und später für Brühe oder Eintopf verwenden.
- Die in den Knochen enthaltene Gelatine dickt die Bratensoße oder Fleischbrühe an. Die meiste Gelierkraft haben Kalbsknochen.

Und alles wird ganz klar
- Wenn Sie zwei oder drei Eierschalen in die Knochenbrühe geben und etwa 10 Minuten darin kochen lassen, wird die Brühe klar.
- Legen Sie Suppenknochen und alle Bestandteile, die nachher nicht in der Suppe bleiben sollen, in einen Gemüseeinsatz, z. B. von einem Schnellkochtopf, und kochen sie dort aus. Den Einsatz brauchen Sie hinterher nur herauszunehmen, und Sie haben eine klare Suppe.

Vom Salat

Salat – frisch auf den Tisch

○ Zubereitete Salatblätter, d. h. auch gemischten Salat mit Tomaten, Gurken etc., sollte man getrennt von der Marinade
servieren. Erstens macht das Mischen am Tisch mehr Spaß,
weil Menge und Maß selbst gewählt werden können, und
zweitens läßt sich beides getrennt voneinander leichter aufbewahren, wenn nicht die ganze Menge verzehrt wurde. Bei
schon fertig angerichtetem Salat ist das nicht gut möglich.

○ Damit die Salate gut abtropfen können, lege man eine umge-
stürzte Untertasse auf den Boden der Salatschüssel. Die Flüssigkeit kann dadurch gut ablaufen, und der Salat bleibt frisch
und knackig.

○ Salat erst kurz vor dem Anrichten salzen, da er sonst welkt
und seine Zartheit verliert.

Welker Salat

○ Welken Kopfsalat bekommt man wieder frisch, wenn man etwas Zitronensaft in eine Schüssel mit kaltem Wasser gibt und
den Salat darin etwa eine halbe Stunde im Kühlschrank stehen läßt.

○ Welker Feldsalat (Rapunzel, Nissl) wird in handwarmem
Wasser wieder frisch.

○ Andere Salate werden wieder frisch, wenn man sie in kaltes
Wasser legt, dem man einige rohe Kartoffelschnitze zugefügt
hat.

○ Welke Radieschen erholen sich wieder, wenn sie mit den
Blättern statt den Knollen ins kalte Wasser gelegt werden.

Salat aufbewahren

○ Kopfsalat bzw. alle Blattsalate bleiben länger frisch, wenn sie
in ein Küchenpapier eingewickelt werden und in einer Plastikdose oder -beutel im Gemüsefach aufbewahrt werden.

○ Legen Sie den Boden Ihres Gemüsefaches im Kühlschrank
mit Papier-Küchentüchern aus, um auftretende Feuchtigkeit
aufzusaugen.

Probieren Sie's mal!

o Reiben Sie die Salatschüssel mit einer aufgeschnittenen Knoblauchzehe aus, bevor Sie die übrigen Salatzutaten hineingeben. Ein Hauch von Knoblauch ist delikat!

o Halten Sie sich immer einige Päckchen Roquefort oder andere blaue Edelpilzkäse im Gefrierfach bereit. Sie lassen sich im gefrorenen Zustand leicht mit einem Messer abschaben und als besondere Beigabe zu Salaten bei festlichen Anlässen servieren.

o Reiben Sie Ihre Salatschüssel aus Holz hin und wieder mit einem Walnußkern aus. Es frischt die Farbe auf, außerdem verschwinden die Kratzer.

Radieschen

o Kaufen Sie möglichst kleine Radieschen. Zum Garnieren sind sie praktischer, außerdem sind sie selten holzig.

14

Artischocken

o Artischocken kochen Sie am besten in Emailletöpfen, denn Aluminium oder Eisentöpfe verfärben sich.

o Stellen Sie Artischocken ca. eine Stunde vor dem Kochen aufrecht in kaltes Wasser, und gießen Sie einen Eßlöffel Essig dazu, dann verfärben sie sich nicht.

o Die ungewaschenen Artischocken wickelt man in ein feuchtes Tuch und bewahrt sie in einer Plastiktüte im Kühlschrank auf. 4–5 Tage bleiben sie auf diese Weise frisch.

Auberginen

o Um den Auberginen ihren bitteren Geschmack zu nehmen, kann man sie vor dem Zubereiten kurz in Salzwasser legen.

o Vor dem Dünsten kalt abwaschen und gut abtrocknen.

o Eine gute Faustregel: Wenn die Auberginen binnen kurzer Zeit fertig gedünstet sein sollen, schäle man sie vorher. Andernfalls, wenn es nicht eilt, ist Schälen nicht nötig.

Blumenkohl

o Damit Blumenkohl schön weiß bleibt, etwas Milch zum Kochwasser geben.

o Mit ein paar Walnüssen im Topf kocht man Blumenkohl ohne den lästigen Geruch. Dasselbe empfiehlt sich auch für andere Kohlsorten.

Bohnen (weiße)

o Bohnenkerne am Vortag gut waschen und mit Wasser bedeckt einweichen. Die Kochzeit wird dadurch wesentlich verkürzt.

o Im Einweichwasser aufsetzen und langsam zum Kochen bringen. Erst kurz vor dem Anrichten salzen.

Broccoli

o Ein oder zwei Scheiben altes Brot mitkochen, das nimmt Broccoli, sowie auch allen anderen Kohlsorten, den typischen Kohlgeruch. Vergessen Sie dann aber nicht, die Brotreste nach dem Kochen herauszunehmen.

o Die Strünke werden zur gleichen Zeit gar wie die Blumen, wenn man sie an der Schnittkante kreuzweise »X« einschneidet.

Erbsen
o Frische Erbsen schmecken besser, wenn sie in der Schote gekocht werden. Außerdem erspart man sich damit viel Arbeit, denn beim Kochen lösen sich die Erbsen selbst heraus, und die Schoten schwimmen oben.
o Frische Erbsen behalten beim Kochen ihre schöne grüne Farbe, wenn Sie in das Kochwasser ein Stück Würfelzucker geben.

Karotten
o Frische Karotten nie mit dem Kraut aufbewahren. Es entzieht der Wurzel die Feuchtigkeit und läßt sie schneller welk werden.
o Will man die Karotten zum Kochen verwenden und möchte sich das Putzen erleichtern, lege man sie 5 Minuten lang in kochendes, danach gleich in eiskaltes Wasser. Durch die Temperaturschwankung löst sich die Haut von selbst ab.
o Oder reiben Sie die Karotten mit einem sauberen Perlon-Kratzschwamm ab.

Kartoffeln

Kartoffeln im Ofen gebacken (baked potatoes)

o Pinseln Sie die ungeschälten, gut gewaschenen Kartoffeln vorher mit Butter ein, oder reiben Sie sie mit einer Speckschwarte ab. Dann platzen sie nicht so leicht und schmecken außerdem noch besser.

o Übriggebliebene baked potatoes kann man wieder aufwärmen! Tauchen Sie sie erst in heißes Wasser und backen Sie sie 20 Min. lang im Backofen bei ca. 200°.

o Haben Sie es eilig? Dann kochen Sie die Kartoffeln 10 Minuten in Salzwasser vor, ehe Sie sie in den sehr heißen Backofen schieben.

o Oder schneiden Sie von jeder Seite der Kartoffel eine dünne Scheibe ab, bevor Sie sie in den Backofen schieben. Die Kartoffeln werden so viel schneller gar.

o Die Garzeit verkürzt sich um die Hälfte, wenn Sie die Kartoffeln auf den Rost legen und eine Gußeisenpfanne darüberstülpen.

o Oder man steckt einen großen rostfreien und sauberen Nagel in die Kartoffel, dann gewinnt man auch 15 Minuten Backzeit. (Diese Nägel gibt es auch speziell in Haushaltsgeschäften zu kaufen.)

Pommes frites

o Die besten Pommes frites erhält man, wenn man die geschnittene Kartoffel vorfritiert. Aus dem Fett heben, gut abtropfen lassen und erst beim zweiten Mal goldbraun fritieren. Dieses »zweite Mal« kann auch erst am Abend sein, wenn Gäste kommen.

Kartoffelbrei

o Ein sehr steif geschlagenes Eiweiß leicht unter den Kartoffelbrei gehoben, verbessert sowohl sein Aussehen als auch den Geschmack.

o Zu lang gekochte Kartoffeln werden beim Hinzufügen von Milch zu breiig. Streuen Sie in diesem Fall Trockenmilchpulver oder fertigen Kartoffelbrei aus der Tüte darüber, und Sie bekommen einen wunderbar lockeren Kartoffelbrei.

o Zwei Eßlöffel geriebenen Käse unter den Kartoffelbrei gerührt, macht dieses Gericht besonders delikat.

o Aus übriggebliebenem Kartoffelbrei formt man kleine Bällchen, wälzt sie in Semmelbröseln oder geriebenen Haselnüssen und brät sie goldgelb als »Kroketten« heraus.

Kartoffelpuffer

o Die roh geriebenen Kartoffeln verfärben sich nicht so leicht, wenn man sie in etwas saure Milch hineinreibt.

o Kartoffelpuffer aus der Tüte verbessert man mit einer frisch geriebenen Kartoffel und einer Zwiebel. Das ist viel müheloser und schmeckt doch wie selbstgemacht.

o Kartoffelpuffer sind leichter verdaulich, wenn dem Teig ein wenig Backpulver beigefügt wird.

Aus welk mach frisch

o Rohe, zusammengeschrumpelte Kartoffeln werden wieder frisch, wenn man sie kurz in Eiswasser legt.

Kohl

o Unangenehme Kochdünste vermeiden Sie, wenn Sie dem Kochwasser einen Schuß Essig zufügen.

Maiskolben

o Die Fäden der Maiskolben entfernt man am einfachsten, indem man eine Zahnbürste anfeuchtet und damit den Kolben abwärts abbürstet. So gehen alle Fäden weg.

o Mais schmeckt viel besser, wenn man die zarten grünen Blätter des Kolbens abnimmt und damit den Topf auslegt, in dem Sie die Kolben kochen wollen.

o Das einfachste Hilfsmittel, die Körner vom Kolben abzulösen, ist ein einfacher Schuhlöffel.

o Butter können Sie sparsamer verwenden, wenn Sie die zerlassene Butter mit einem Kuchenpinsel auf die Kolben streichen.

Pilze

- Pilze niemals zum Waschen ins Wasser legen, weil sie sonst zuviel Wasser aufsaugen. Nur wenn nötig, kurz unter fließendem Wasser reinigen.
- Achten Sie darauf, daß Ihre Champignons immer frisch sind. Kaufen Sie am besten nur solche mit geschlossenem Hut.
- Champignons bleiben weiß und fest, wenn man sie mit einem Teelöffel Zitronensaft beträufelt und dann in Butter gart.
- Frische Champignons lassen sich schnell und gleichmäßig mit einem Eierschneider in »Blätter« zerteilen.

Rotkohl (Blaukraut)

- Rotkohl behält beim Kochen seine Farbe, wenn Sie einen Eßlöffel Essig dazugießen.
- Oder kochen Sie einige Stückchen saurer Äpfel mit.

Spargel
o Spargel schälen ist eine Kunst. Aber wenn Sie sich an die Faustregel halten – dünn am Kopf und dick am Schnittende schälen –, dann kann nichts schiefgehen. Zuletzt noch das Stielende abschneiden.

o Eine Prise Zucker und ein Stückchen Butter dem Spargelkochwasser zugegeben, verfeinert den Geschmack.

o Spargeldosen sollte man unten öffnen, damit die Spitzen nicht abbrechen.

Rote Rüben (Rote Beete)
o Rüben im ganzen kochen, damit die Farbe erhalten bleibt.

o Oder einen Schuß Essig ins Kochwasser geben, wenn man sie schon geschnitten – für Salat – kochen will.

Sellerie
o Sellerie nimmt Kohlgerichten den »Kohlgeruch«. Ein oder zwei Stückchen bei Broccoli, Weißkraut oder Sauerkraut mitkochen lassen.

o Selleriegrün nicht wegwerfen! Trocknen und zerreiben und zum Würzen von Suppen, Salatsoßen oder Eintopfgerichten verwenden.

Tomaten
o Tomaten lassen sich leicht schälen, wenn Sie die Früchte in kochendes Wasser tauchen oder mit kochendem Wasser überbrühen.

o Sie müssen sehr viele Tomaten schälen? Legen Sie sie in ein Netz oder in einen alten Kopfkissenbezug und tauchen alles kurz in kochendes Wasser. Die Schalen platzen und können leicht abgezogen werden.

o Legen Sie die Tomaten vor dem Schneiden kurz ins Gefrierfach. Sie lassen sich so besser schneiden.

o Kochen Sie doch die Tomaten mal mit einer Prise Zucker. Der Geschmack verfeinert sich, Sie werden es bemerken!

o Ganze Tomaten, die zum Dünsten vorgesehen sind, fallen nicht so leicht auseinander, wenn sie vorher vertikal eingeritzt wurden.

Wirsingkohl

o Wenn man in der glücklichen Lage ist, selber Wirsing ernten zu können, hebt man ihn mit der Wurzel aus und steckt ihn in eine Kiste mit trockenem Sand in den Keller. So bleibt er sehr lange frisch.

Zwiebeln

o Zwiebeln lassen sich gut im ganzen dünsten – ohne auseinanderzufallen –, wenn man am Ansatz ein etwa 5 mm tiefes Kreuz einschneidet.

o Halbierte Zwiebeln kann man ganz gut aufbewahren, wenn man die Schnittfläche mit Butter einreibt.

o Um den Zwiebeln die Schärfe zu nehmen, schneide man sie in Ringe auf und lege sie für kurze Zeit in kaltes Wasser. (Milde Zwiebeln sind besonders für Salate zu empfehlen.)

Zwiebelschneiden ohne Tränen

o Fenster auf beim Zwiebelschneiden!

o Den Kopf nicht direkt über die Zwiebeln halten.

o Schneiden Sie das untere Ende der Zwiebel zuletzt auf.

o Legen Sie die Zwiebel vor dem Schneiden einige Zeit in den Kühlschrank.

o Oder schälen Sie sie unter fließendem, kaltem Wasser.

o Oder atmen Sie durch den Mund – so, als hätten Sie Ihre Nase mit einer Wäscheklammer zugemacht.

Eier

Frischetest

o Frische Eier sehen rauh und kalkig aus, nicht frische dagegen glatt und glänzend (zum Backen oder Kochen verwenden).

o Das Ei in kaltes Salzwasser legen. Sinkt es, ist es frisch; schwimmt es auf der Oberfläche, wirft man es lieber weg.

Immer frische Eier

o Kaufen Sie abwechselnd pro Woche einmal braune, einmal weiße Eier, dann wissen Sie immer, welche die frischeren und welche die älteren Eier sind.

Hartgekochte Eier

o Wollen Sie harte Eier auf Vorrat kochen? Dann färben Sie sie, indem Sie Zwiebelschalen mitkochen lassen. Es gibt dann keine Verwechslung mit den rohen Eiern im Kühlschrank.

o Man kann auch Lebensmittelfarbe dafür nehmen.

o Oder bemalen Sie die hartgekochten Eier mit Blei- oder Buntstift (keine Filzschreiber!).

o Um festzustellen, ob ein Ei roh oder gekocht ist, läßt man es rasch auf der Tischfläche kreisen. Wenn es sich ruhig um die eigene Achse dreht, ist es gekocht, wackelt es und kreist schlecht, dann ist es noch roh.

o Eier mit einer Nadel am stumpfen Ende anpicken, dann platzen sie beim Kochen nicht.

o Hartgekochte Eier lassen sich leichter schälen, wenn Sie nicht zu kalt, sondern bei Zimmertemperatur aufgehoben werden.

Angeknackste Eier

○ Wenn Eier in der Schachtel kleben, einfach die Schachtel naß machen. Die Eier lassen sich nun leicht herausnehmen, ohne vollends zu zerbrechen.

○ Tesafilm verschließt Risse in Eiern, so daß man sie unbesorgt noch einige Tage aufheben kann.

○ Angeknackste Eier lassen sich ohne weiteres kochen.

Rund um das Eigelb

○ Drehen Sie die Eier beim Kochen hin und wieder um, damit das Eigelb in der Mitte erstarrt. Eine Hilfe, wenn Sie gefüllte oder russische Eier machen.

○ Wenn Sie nur das hartgekochte Eigelb haben möchten, trennen Sie die Eier und lassen die Eidotter vorsichtig in kochendes Wasser gleiten. 10 Minuten kochen lassen. Diese Eidotter lassen sich vorzüglich als Soßengrundlage und für feinen Mürbeteig verwenden.

○ Eigelb krümelt nicht beim Aufschneiden hartgekochter Eier, wenn Sie das Messer vorher kalt abspülen.

○ Eigelb verfeinert viele Gerichte, aber es sollte nie unvorbereitet in heiße Soßen gerührt werden, weil es sonst sofort gerinnt. Verrühren Sie einige Eßlöffel der heißen Flüssigkeit mit dem Eigelb in einer Tasse, nehmen Sie den Topf vom Herd und rühren nun das Ganze unter das fertige Gericht.

o Ein kleiner Trichter erleichtert das Trennen von Dotter und Eiweiß, indem man das Ei über dem Trichter öffnet. Das Eiweiß rinnt hindurch, während der Dotter hängen bleibt.

o Um Eigelb mehrere Tage frisch zu halten, sollte man es mit Wasser bedeckt in einem Glas mit Schraubverschluß im Kühlschrank aufheben.

Eiweiß wie gewünscht

o Eischnee wird besser steif bleiben, wenn man eine Prise Salz hinzutut.

o Den gleichen Effekt erzielt man, wenn man auf 7–8 Eiweiß etwa einen Teelöffel Zitronensaft gibt.

o Eiweiß vor dem Schlagen auf Zimmertemperatur bringen. Während des Schlagens nach und nach einen kleinen Eßlöffel kalten Wassers pro Eiweiß hinzufügen, dann wird die Masse größer.

o Eiweiß läßt sich schlecht schlagen, wenn auch nur geringe Spuren von Eigelb in der Masse sind. Mit Wattestäbchen oder feuchtem Baumwolltuch entfernen.

o Eiweiß kann man in gefrorenem Zustand bis zu einem Jahr aufheben. Eine Tasse voll entspricht 7–8 Eiweiß. Besonders für Weihnachtsplätzchen oder Baisers (Meringen, Schäumchen) gut geeignet.

Eiergeschichten

o Heben Sie die großen, teuren Eier für das Frühstück auf. Zum Kochen und für Salate können Sie getrost die kleineren, preiswerten Eier verwenden.

o Zum Backen sollte man nur mittlere Eier verwenden. Besonders große Eier können dazu führen, daß der Kuchen beim Abkühlen zusammenfällt.

o Einige Tropfen Essig können verhindern, daß sich verlorene (pochierte) Eier buchstäblich im Topf verlieren.

Mit Käse, bitte!

Immer frischen Käse

- Käse trocknet nicht aus, wenn die Schnittfläche mit Butter eingestrichen wird
- oder wenn man ihn in Alufolie wickelt.
- Legen Sie hartgewordenen Schnittkäse in Buttermilch. Er schmeckt dann wieder ganz frisch.
- Geschmack und Frische bleiben erhalten, wenn der Käse in ein Tuch eingewickelt wird, das zuvor in Weinessig getaucht wurde.
- Käse schimmelt nicht, wenn man ihn mit einigen Stückchen Würfelzucker in einem fest verschlossenen Behälter kühl aufbewahrt.

Reibetips

- Kaufen Sie Käse im Stück, und reiben Sie ihn selber, denn das ist billiger. Ein halbes Pfund Parmesan-Käse ergibt selbstgerieben drei gehäufte Tassen, ein halbes Pfund Gouda oder Emmentaler zwei Tassen.
- Das Reibeisen bekommt man leichter wieder sauber, wenn es vorher mit Öl eingepinselt wurde.
- Weiche Käsesorten lassen sich schlecht reiben. Passieren Sie sie durch ein Sieb.
- Auch ein Kartoffelschäler ist eine gute Käse-»Reibe«! Vor allem dann, wenn Sie Salate oder andere Gerichte garnieren wollen.

Alter Käse

o Die harten Reststücke verschiedener Käsesorten reiben und im luftdichten Gefäß einfrieren. Zum Überstreuen für Aufläufe und Zwiebelsuppen, bei Kalbsschnitzel oder Omeletts ist er noch bestens zu verwenden.

Käse richtig geschnitten

o Ein stumpfes Messer schneidet Käse besser als ein scharfes.
o Ein angewärmtes Messer schneidet Käse wie Butter!

Einsinken bei Camembert

o Stellen Sie Käse wie Brie oder Camembert auf den Kopf, um zu verhindern, daß er in der Mitte einsinkt.

Fleischgerichte und Soßen

Speck

o Speckscheiben kleben nicht zusammen, wenn man die ganze Packung aufrollt und mit einem Gummiband zusammenhält, bevor sie in den Kühlschrank gelegt wird.

o Gefrorene Speckscheiben bekommt man leicht wieder auseinander, wenn man ein erwärmtes Pfannenmesser (Bratschaufel) zwischen die einzelnen Stücke schiebt.

o Schinkenspeck wellt sich weniger beim Braten, wenn man ihn vorher einige Minuten ins kalte Wasser legt.

o Speckscheiben schrumpfen beim Braten nicht so stark, wenn sie ganz langsam erhitzt und mit einer Gabel an mehreren Stellen eingestochen werden.

o Speck läßt sich leichter in Scheiben schneiden, wenn er vorher kurz in das Gefrierfach gelegt wird.

Frikadellen

o Frikadellen, beidseitig in Mehl, Grieß oder Semmelbrösel gewendet, bekommen beim Braten eine appetitliche, knusprige Kruste. Außerdem fallen sie nicht so leicht auseinander.

○ Ein Teelöffel Quark in die Mitte jeder Frikadelle gegeben, macht das Gericht besonders saftig und bringt zudem noch eine hervorragende Geschmacksnote hinein.

Bratwürste

○ Würste lassen sich beim Braten wesentlich leichter wenden, wenn man mehrere zusammen auf einen Fleischspieß steckt.

○ Bratwürste platzen und schrumpfen nicht beim Braten, wenn sie vorher mit kochendem Wasser überbrüht wurden. Gut abtrocknen!

○ Oder man wendet sie vor dem Braten leicht in Mehl.

○ Oder Sie stechen die Würste mit einer Gabel ein.

Neues vom Hackbraten

○ Sie behalten saubere Hände, wenn Sie alle Zutaten für den Hackbraten in eine durchsichtige, saubere und geräumige Plastiktüte füllen, fest durchkneten, einen Laib formen und ihn aus der Hülle gleich auf das Blech gleiten lassen.

○ Oder benutzen Sie die Knethaken des Handrührgerätes oder die Küchenmaschine.

○ Oder benutzen Sie einen Fleischwolf.

○ Oder Sie ziehen sich Gummihandschuhe oder Plastiktüten an, die mit Gummibändern am Handgelenk befestigt sind, und kneten mit der Hand.

○ Bestreichen Sie den Hackbraten vor dem Backen mit kaltem Wasser, dann bekommt er keine Risse und wird außen schön knusprig.

○ »Verlängern« Sie Ihren Hackbraten mit Kartoffelpüree aus der Tüte, mit Grieß oder zarten Haferflocken, wenn keine alten Semmeln zur Hand sind.

○ Kennen Sie schon »Hackbraten im Schlafrock«? Geben Sie eine Schicht Kartoffelbrei etwa 15 Minuten bevor der Braten fertig sein wird darüber. Das Ganze mit Butter bestreichen, und den Braten noch einmal in den Backofen schieben, bis er schön goldbraun ist.

○ Hackbraten setzt nicht an, wenn man ihn auf Speckscheiben legt.

o Hackbraten wird besonders gut schmecken, wenn man das gut ausgedrückte Brot vorher in heißer Butter mit Zwiebeln und Kräutern röstet und dann erst zu der Fleischmasse dazugibt und im Ofen brät.

Leber delikat
o Leber wird besonders zart, wenn sie vor dem Braten in Milch gelegt wird. Gut abtrocknen, in Mehl wenden und dann in wenig Fett braten.
o Oder legen Sie die Leber 2–3 Stunden in Tomatensaft.
o Leber niemals vor dem Braten salzen, auch nicht in einer Soße kochen lassen, da sie sonst hart wird.

Wie Fleisch zart wird
o Suppenfleisch: Einen Eßlöffel Essig ins Kochwasser geben.
o Zähes Bratenfleisch oder Wildbret: Bouillon und Essig zu gleichen Teilen aufkochen, abkühlen lassen und das Fleisch einige Stunden darin einlegen.
o Steak: Essig und Öl vermischen, über das Fleisch gießen und etwa zwei Stunden einziehen lassen. Öfter wenden.

Mariniertes Rindfleisch
o Ist Ihnen der Wein für eine Marinade ausgegangen, legen Sie das Fleisch statt dessen für einige Stunden in Bier!

Schnitzel
o Wenn Sie Ihre Schnitzel panieren wollen, dann vergessen Sie nicht, sie vor dem Braten abzuschütteln. Lockere Brösel bräunen zu rasch in der Pfanne und schmecken dann bitter.

Braten und Steaks
o Eine flache Bratpfanne eignet sich zum Braten im Backofen besser als eine mit zu hohem Rand, weil die Hitze auf diese Weise leichter an alle Seiten des Bratens herankommt.
o Möchten Sie wissen, wann das Fett zum Braten die richtige Temperatur hat? Halten Sie einen trockenen Holzlöffelstiel hinein, und wenn rundherum viele kleine Bläschen aufschäumen, ist es heiß genug!

○ Stellen Sie sich einen »Bratrost« für Ihren Sonntagsbraten selber aus Karotten und Selleriestücken her. Der Bratensaft bekommt durch das Gemüse einen besonders würzigen Geschmack.

○ Gießen Sie etwas Wasser auf ein Backblech und schieben es unter die Bratreine, in der der Braten oder das Geflügel zum Garen liegt. Der Braten wird dann zugleich saftig und knusprig.

○ Braten läßt sich leichter schneiden, wenn er erst 10 bis 15 Minuten nach dem Herausnehmen aus dem Backofen angeschnitten wird.

Knuspriger Schweinebraten

○ Eine besonders knusprige Schwarte bekommt man, wenn man sie 5–10 Minuten vor Beendigung der Bratzeit mit Salzwasser bestreicht und scharf nachbrät.

○ Statt Salzwasser kann man auch Bier nehmen.

Perfekte Soßen

○ Zum Andicken von Soßen oder Suppen rühren Sie Mehl oder Stärke mit etwas Wasser in einem Mixbecher oder Schraubglas an, geben etwas Flüssigkeit aus dem Topf dazu, schließen den Deckel und schütteln kräftig. Nach und nach unter ständigem Rühren diese Masse in den Topf geben und aufkochen lassen.

○ Um fettarme Soßen herstellen zu können, gießen Sie den Bratensaft in ein hohes Glas. Nach kurzer Zeit steigt das Fett nach oben und kann abgeschöpft werden. Aus dem Rest die Soße zaubern.

○ Soße mit Klümpchen entweder im Mixer glätten oder durch ein feines Sieb streichen.

Die Soße ist zu blaß

○ Wenn bei der Einbrenne das Mehl nicht braun genug geworden ist, kann man sie hinterher noch etwas »färben«. Entweder

○ man bräunt in einem Extratopf noch einmal Mehl mit wenig Fett sehr dunkel und gibt es zur Soße, oder

- man läßt Zucker, ebenfalls in einem gesonderten Topf, unter ständigem Rühren so dunkelbraun werden, daß er nicht mehr süß ist und nun als »Couleur« für die Soße verwendet werden kann.
- Man kann auch einige Tropfen Soja-Sauce zum »Färben« nehmen, außerdem ist es noch eine vorzügliche Abrundung des Geschmacks.
- Oder gießen Sie starken, schwarzen Kaffee zu der hellen Soße. Der Geschmack ändert sich dadurch nicht.

Weiße Soße auf Vorrat
- Vermischen Sie eine Tasse weicher Butter mit einer Tasse Mehl und streichen Sie die Mischung in einen Eiswürfelbehälter. Im Kühlfach erhärten lassen, und Sie haben anschließend eine handliche Menge Soßengrundlage zur Verfügung, wenn Sie die einzelnen, herausgelösten Würfel in einer Plastiktüte im Gefrierfach lagern. Für eine durchschnittliche dicke Soße gibt man einen Würfel in eine Tasse Milch und läßt beides zusammen unter ständigem Rühren langsam aufkochen. Abschmecken!

Das liebe Federvieh

Frische Hähnchen
- Kaufen Sie montags kein frisches Geflügel, denn es ist bestimmt noch vom Wochenende übriggeblieben.
- Frische Hähnchen sollten nicht länger als 3 Tage aufbewahrt werden.

Richtige Zubereitung
- Gefrorenes Geflügel zum Auftauen immer aus der Plastikfolie herausnehmen.
- Der Braten wird besonders würzig, wenn Sie das Huhn vor dem Braten mit einer halben Zitrone beträufeln und dann erst salzen.
- Altes Huhn: Einige Stunden vor dem Kochen in Essig einlegen. Es wird wie ein junges Hähnchen schmecken.

Alles über den Truthahn (Puter)

- Es ist vorteilhaft, lieber zwei kleinere Tiere als ein großes zu kaufen. Sie sind in der halben Zeit gar, und man hat doppelt soviel Keulen, bzw. andere gute Stücke.
- Mit einem Baumwollfaden lassen sich alle Geflügelarten gut binden, bzw. nähen, nachdem sie gefüllt sind.
- Oder, wenn Sie den Vogel nicht zunähen wollen, verschließen Sie das gefüllte Innere mit zwei eingeweichten Weißbrotscheiben.
- Auch ohne Füllung wird das Fleisch zart und saftig, wenn Sie eine Tasse Wasser und ¼ Tasse Ananassaft in das Innere des Truthahns gießen.
- Legen Sie den Truthahn stets mit der Brustseite nach unten auf den Bratrost, damit das weiße Brustfleisch nicht trocken wird. Erst eine Stunde vor Beendigung der Garzeit umdrehen.

Gänse und Enten

- Vor dem Zubereiten möglichst alles sichtbare Fett entfernen und als Gänseschmalz mit Zwiebeln und Äpfeln auslassen.
- Gänse und Enten werden besonders knusprig, wenn Sie den Braten etwa 20 Minuten vor Ende der Garzeit mit Bier oder einer starken Salzlösung einpinseln.
- Zum Fertigbräunen die Backofentür ein wenig offen lassen, damit die feuchten Dämpfe abziehen können. Am besten einen Kochlöffel in die Tür klemmen.

Ungekochtes Huhn zerteilen

o Kühlen Sie das Huhn soweit herunter, daß es kurz vor dem Gefrieren ist. Dann läßt es sich ohne Mühe zerschneiden.

o Oder tauen Sie ein gefrorenes Hühnchen so weit auf, daß es sich gerade gut zerteilen läßt.

Gefrorenes Geflügel schnell aufgetaut

o Legen Sie das gefrorene Tier in eine Camping-Kühltasche in die Badewanne, und füllen sie eiskaltes Wasser hinein. Wechseln Sie das Wasser des öfteren aus.

Heraus mit der Füllung

o Zum späteren leichten Herausnehmen der Füllung aus Truthahn oder sonstigem Geflügel legen Sie in die Höhlung einen Mullbeutel und lassen die Enden herausstehen. Die Füllung hineingeben, den Beutel überlappend schließen und das Geflügel zunähen. Ist das Geflügel fertig gebraten, nehmen Sie zuerst nur etwas von der Füllung mit dem Löffel heraus, dann ist es einfach, den ganzen Beutel auf einmal herauszuziehen!

Geflügel aufwärmen
o Pfanne oder Topf mit ¼ Tasse Milch erwärmen und bei geringer Temperatur die Fleischstücke beidseitig darin wenden.
Die Milch sollte nicht kochen. Das Geflügel wird so gut
schmecken, als käme es frisch aus dem Ofen.

Fischgerichte

Zur Vorbereitung
o Fisch ist dann frisch, wenn die Augen klar und glänzend sind
und leicht vorstehen. Er ist nicht mehr frisch, wenn sie trüb,
rosa und eingefallen sind.
o Prüfen Sie, ob die Schuppen glänzen und eng an die Fischhaut
anliegen.
o Untersuchen Sie die Kiemen: sie sollen rot oder rosa, niemals
aber grau sein.
o Reiben Sie den Fisch vor dem Schuppen mit Essig ein. Die
Schuppen lösen sich dann ohne Schwierigkeiten.
o Salzen Sie Ihr Arbeitsbrett ein, bevor der Fisch ausgenom-
men und zubereitet wird. Er rutscht dann nicht so leicht herunter.
o Damit sich die Gräten nach dem Garen des Fisches leichter
entfernen lassen, reiben Sie den Rücken vor dem Dünsten
mit zerlassener Butter ein.
o Fische nach dem Säubern mit Zitronensaft beträufeln, erst
dann salzen.

Und noch einige Fisch-Tips
o Wenn Sie Fisch dünsten wollen, dann geben Sie dem gewürz-
ten Sud noch einen Schuß Zitronensaft hinzu, damit das
Fleisch weiß bleibt.
o Brät man Fisch auf einem »Bett« von gehackten Zwiebeln,
Sellerie und Petersilie, so verbessert man erstens den Geschmack und zweitens verhindert man das Ankleben an der
Pfanne.
o Wenn sich die Rückenflosse leicht herausziehen läßt, ist ein
im ganzen gegarter Fisch fertig.

○ Gefrorenen Fisch sollte man in Milch auftauen! Milch zieht den Gefriergeschmack heraus, und der Fisch schmeckt besser.

Geruchsfresser

○ Hände verlieren den Fischgeruch, wenn man sie mit Essig oder Salz abreibt.

○ Fischgeruch beim Kochen wird von etwas Essig im Sud gemildert. Etwas Sesamöl tut's auch.

○ Um die Bratpfanne von Fischgeruch zu befreien, streue man reichlich Salz in die Pfanne, gieße heißes Wasser darüber und lasse die Pfanne einige Zeit stehen.

○ Bei Bratfisch wird der durchdringende Fischgeruch erheblich gemildert, wenn man dem Paniermehl etwas geriebenen Parmesankäse zugibt.

Krabben

○ Den Dosengeschmack von konservierten Krabben verbannt man mit etwas Sherry und 2 Eßlöffel Essig. Etwa 15 Minuten darin ziehen lassen.

Wußten Sie schon?

o Je dunkler das Fischfleisch, desto höher sein Kaloriengehalt.
o Wenn auf Thunfischdosen »In Stücken« steht, ist die Dose mit kleinen Stückchen Fischabfall gefüllt, während mit »Im Stück« der gewachsene Fisch gemeint ist. Kein Unterschied im Nährwert, wohl aber im Preis.

Gekochter Fisch

o Gekochter Fisch bleibt weißer und fester, wenn Sie etwas Zitronensaft oder Essig ins Kochwasser geben.

Hummer aufpolieren

o Reiben Sie die Hummerschalen etwas mit Salatöl ein, wenn Sie ihn kalt und im ganzen servieren wollen!

Keine Angst vor Muscheln oder Austern

o Nur garantiert frische Muscheln oder Austern verwenden!
o Testen Sie, ob die Schalen fest verschlossen sind. Dann sind sie frisch. Geöffnete Schalen wegwerfen.
o Im gekochten Zustand sind die guten Muscheln geöffnet, die ungenießbaren verschlossen. Wegwerfen.
o Will man sie zubereiten, wasche man Muscheln, bzw. Austern sehr gründlich mehrmals in kaltem Wasser, entferne die Barten, lege sie in eine Plastiktüte und lasse sie etwa eine Stunde im Gefrierfach liegen. Danach lassen sie sich ganz einfach öffnen.

Über den Umgang
mit Nudeln und Pizza

Kein Überkochen mehr

o Legen Sie einen großen Kochlöffel zwischen Topf und Deckel, um das Überkochen zu vermeiden.
o Etwas Butter oder Öl ins Wasser geben. Nudeln, Spaghetti oder Reis werden nicht mehr überkochen.
o Oder fetten Sie den Topfrand ein.

Perfekt gekochte Nudeln oder Spaghetti

o Salzwasser mit etwas Butter oder Öl (siehe oben) zum Kochen bringen, Spaghetti unter Rühren hineingeben, Deckel drauf und die Kochplatte ausschalten. Ca. 15 Minuten ziehen lassen, bis die Spaghetti gar sind.

o Spaghetti abgießen und unter heißem, nicht kaltem Wasserstrahl abschrecken, ehe man sie zum Abtropfen in ein Sieb gibt.

o Wenn Sie dem Kochwasser etwas Öl oder Butter zugegeben haben, brauchen Sie die fertig gekochten Spaghetti nicht abschrecken. Das Fett verhindert, daß sie zusammenkleben.

o Eine kleine Menge Spaghetti läßt sich in einem Sieb unter laufendem, heißem Wasser schnell wieder aufwärmen.

Pizza mit Pfiff

o Braune knusprige Pizzakrusten bekommen Sie, wenn Sie den Teig mit Hartweizengrieß statt Mehl herstellen.

o Geben Sie den geriebenen Käse für die Pizza direkt auf den Teig, bevor Sie den restlichen Belag darauf legen bzw. das Tomatenpüree darübergießen. Der Teig kann auf diese Weise so lange backen, bis er knusprig ist, ohne daß der Käse verbrennt. Der Boden feuchtet so auch nicht durch.

o Pizza läßt sich leichter mit einer Küchenschere als mit dem Messer zerteilen.

Wenn etwas fehlt

Keine frische Milch?

o Pro Tasse nimmt man eine halbe Tasse Kondensmilch und füllt mit Wasser auf.

o Für alle Fälle sollte man sich immer etwas Trockenmilchpulver im Haus halten, das man mit Wasser nach Vorschrift anrühren kann!

Keine saure Sahne?

o Nehmen Sie 1 Becher süße Sahne, geben Sie 1 Eßlöffel Joghurt hinein, gut verrühren und über Nacht stehen lassen.

- Nehmen Sie 1 Becher Joghurt ohne Geschmack oder 1 Tasse Kondensmilch und geben 1 Eßlöffel Zitronensaft oder Essig dazu. Gut verrühren!
- Oder verrühren Sie 1 Tasse Quark mit 2 Eßlöffeln Milch und 1 Teelöffel Zitronensaft im Mixer zu »saurer Sahne«.

Keine Buttermilch oder saure Milch?

- Einer Tasse frischer Milch – oder obiger Ersatz-Milch – gibt man 1 Eßlöffel Zitronensaft oder Essig hinzu, verrührt gut und läßt das Ganze vor der weiteren Verwendung 5 Minuten stehen.

Keine süße Sahne?

- Kondensmilch mit 10 % Fettgehalt läßt sich wie Sahne schlagen, schmeckt natürlich etwas anders, hat aber nur 1/3 so viel Fett wie richtige Sahne.
- Man kann auch Bananen in Eiweiß hineinschneiden und zusammen sehr steif schlagen. Die Bananen müssen sich ganz aufgelöst haben. Für Pudding oder andere Süßspeisen sehr zu empfehlen.

Keine Eier?

- Die Treibkraft der Eier kann man durch 1 Eßlöffel hochprozentigen Alkohols (Rum, Cognac etc.) ersetzen.
- Pro fehlendes Ei kann man auch 1 Teelöffel Stärkemehl nehmen.
- Wo es geschmacklich angebracht ist, können Sie auch 1 Teelöffel Essig pro fehlendes Ei nehmen.
- Pro fehlendes Ei in einem Rezept nimmt man statt dessen 3–4 Eßlöffel Milch oder Wasser, um die Feuchtigkeitsmenge zu ergänzen. Allerdings ist es etwas riskant, zu viele Eier bei besonders darauf ausgerichteten Rezepten wegzulassen.

Kein Backpulver?

- Ein »Schuß« guten Alkohols (z. B. Rum, Arrak, Cognac) ersetzt Backpulver und verfeinert den Teig.

Kein Mehl?

o Zum Andicken von Bratensaft oder anderen Soßen nehmen Sie statt dessen 1 Eßlöffel Mais- oder Reisstärkemehl pro 2 Eßlöffel normales Mehl.

o Falls Sie Vollkornmehl zum Backen verwenden wollen, nehmen Sie nicht zuviel davon, sonst wird das Backgut zu schwer. Oder nehmen Sie mehr Eier oder andere Treibmittel zum Ausgleich.

o Will man normales Mehl durch Vollkornmehl ersetzen, was sehr zu empfehlen ist, dann nimmt man nur ½ oder ⅔ Vollkornmehl und füllt den Rest mit Weizenmehl auf, um dem Rezept gerecht zu werden.

o Statt des eben erwähnten Vollkornmehls können auch Roggen-, Buchweizen- oder Sojamehle, ja sogar Haferflocken genommen werden. Man muß nur die üblicherweise angegebene Menge halbieren. Bei Sojamehl nur ¼ verwenden. Für einfache Törtchen oder Semmelrezepte gut zu gebrauchen.

Keine Nüsse?

o Haferflocken, in wenig Butter (oder Margarine) geröstet, sind ein preiswerter Ersatz für geriebene Nüsse in Plätzchen-, Kuchen- oder Auflaufrezepten.

Kein Puderzucker?

o Mischen Sie 1 Tasse normalen Zuckers mit 1 Eßlöffel Stärkemehl, und pulverisieren Sie diese Mischung 2 Minuten lang auf mittlerer Stufe im elektrischen Mixer.

Gugelhupf und Hefezopf

Die besten Tips zum Backen

Hefeteig

Alles über Hefe

o Frische Hefe fühlt sich geschmeidig an, ist von rosabrauner Farbe, bricht blättrig und duftet angenehm.

o Ausgetrocknete Hefe ist hart, rissig und grün und zum Teil dunkel gefärbt. Sie hat ihre Treibkraft verloren.

o Für süße Teige wird die Hefe mit etwas Zucker zerbröckelt und mit lauwarmer Milch (Wasser) und etwas Mehl angesetzt. Bei gesalzenen Teigen wird der Zucker weggelassen. Wenn die Mischung innerhalb von 10 Minuten Blasen zeigt, ist die Hefe in Ordnung und kann verwendet werden.

o Man teste Hefe auch, indem man einen Teelöffel davon in eine Tasse heißen Wassers gibt. Wenn sie in die Höhe steigt und kräftig treibt, »geht« sie.

o Frische Hefe läßt sich auch gut einfrieren. Über Monate behält sie ihre Treibkraft. Nach dem Auftauen zerfällt sie zwar zu einem Brei, was aber nicht ihre Wirkung beeinträchtigt.

Damit der Teig geht

o Hefeteig sollte immer, mit einem Tuch zugedeckt, an einen warmen Ort zum Gehen gestellt werden. Dadurch wird der Teig vor jedem Luftzug geschützt, und außerdem kann sich unter dem Tuch die Wärme gut speichern.

o Oder stellen Sie die gut zugedeckte Schüssel mit dem Hefeteig auf ein Heizkissen, das auf Mittelhitze eingestellt ist, denn Heizkissen sind ideal dafür, wenn nicht wie im Winter, die Heizkörper benutzt werden können.

o Ein eingeschalteter Fernseher ist auch eine gute Wärmequelle. Während Sie das Programm anschauen, behalten Sie auch den Teig im Auge und vergessen ihn nicht.

o Wenn Sie eine Plastikschüssel mit einem Vakuumverschluß besitzen sollten, ist die Herstellung von Hefeteig sehr einfach. Geben Sie den Teig in die Schüssel und stellen Sie sie in ein mit heißem Wasser gefülltes Becken. Die Treibkraft der Hefe wird den Deckel öffnen. Wenn Sie den Deckel zweimal wieder aufgesetzt haben, ist der Hefeteig fertig und so locker wie nie zuvor.

Feine Kuchen

Besserer Teig

o Zu fester Rührteig wird geschmeidig, wenn man ein gut verschlagenes Ei langsam einrührt.

o Gerinnt der Rührteig einmal, dann geben Sie für jedes verwendete Ei einen Eßlöffel Mehl dazu.

o Oder stellen Sie die Rührschüssel in ein warmes Wasserbad und rühren weiter. Das Fett wird in der Wärme weicher und verbindet sich besser mit den Eiern.

o Mürbeteig oder andere fette Teige lassen sich besser ausrollen, wenn Sie den Teig zwischen zwei bemehlte Bogen Pergamentpapier legen.

o Der Zusatz von Quark macht einen Kuchen besonders saftig.

o Biskuitkuchen schmeckt feiner, wenn man für den Teig Orangensaft statt Wasser verwendet.

o Erwärmen Sie Nüsse, Rosinen oder andere Früchte im Backofen, bevor Sie sie dem Teig oder Pudding zugeben. Sie sinken später in der Form nicht nach unten.

Fertiggekaufte Kuchenmischungen verbessern

o Geben Sie einen Teelöffel Butter, abgeriebene Zitronenschale, Eigelb, evtl. Nüsse zu dem Fertig-Mix-Teig, damit der Kuchen noch besser schmeckt.

Keine »Löcher« im Biskuitteig

o Gehen Sie in der Kuchenform mit einer Gabel in spiraligen Bewegungen noch einmal durch die Teigmasse, und drücken Sie den Teig gegen die Form, dann entstehen keine Hohlräume, also keine »Löcher« im Biskuitkuchen.

Mit Früchten und Rosinen

o Wälzen Sie gefrorene Beeren, z. B. Himbeeren, in Zimt und Zucker, bevor Sie sie in den Teig einarbeiten. Sie verteilen sich besser im Teig und schmecken obendrein noch gut.

o Tiefgefrorenes Obst kann unaufgetaut mitgebacken werden, wenn die Früchte einzeln eingefroren wurden.

Auch diese Tips sind wichtig

o Wird der Kuchen während des Backens oben zu schnell braun, so stellen Sie einen Topf mit warmem Wasser auf den Rost über dem Kuchen.

o Oder decken Sie ihn mit einer Folie ab.

o Wenn ein frischgebackener Kuchen in der Mitte zu hoch geworden ist, kann man ihn mit einer etwas kleineren Form, die man darauf drückt, wieder »einebnen«. Das schadet dem Kuchen nicht.

Unsichtbares Bestäuben

o Nehmen Sie Kakao statt Mehl zum Bestäuben der gefetteten Backform oder des Bleches, dann sieht das Gebäck nicht so mehlig aus.

Formen ausfetten – oder nicht

o Ausfetten: Bei Rührteig, Honigkuchen, Hefeteig, Biskuitteig.

o Nicht ausfetten: Mürbeteig, Brandteig.

o Blätterteig auf einem mit kaltem Wasser abgespülten Blech backen.

o Baiser- und Makronenmasse auf einem mit Pergamentpapier oder Folie ausgelegten Blech backen.

o Kuchen ohne Guß oder Glasur läßt sich schöner und gleichmäßiger schneiden, wenn man ihn zuvor kurz einfriert.

Mit Schokolade

o Schokoladenkuchen wird saftig und locker, wenn man dem Backpulver noch einen Löffel Essig zusetzt.

- Brauchen Sie Schokoladensplitter und haben keine? Nehmen Sie Ihren Kartoffelschäler und raspeln Sie damit einen Riegel Schokolade klein, dann ist Ihnen schnell und preiswert geholfen.
- Eine Prise Salz an Schokoladenspeisen intensiviert den Geschmack!
- Schokolade sollte man stets im Wasserbad zum Schmelzen bringen. So kann sie nicht anbrennen. Sollte sie nach dem Schmelzen gleich wieder erhärten, geben Sie etwas Pflanzenöl dazu, und sie wird wieder weich.

Süßer Belag

- Mischen Sie Ananasstücke aus einer mittelgroßen Dose mit einer Fertig-Vanillecreme, und übergießen Sie damit einen Biskuitboden oder Zitronenkuchen.
- Bestreichen Sie den Tortenboden vor dem Auflegen der Früchte mit Eiweiß. Der Obstsaft zieht dann nicht durch.

Glasuren

o Glasuren gerinnen nicht, wenn dem Zucker eine Prise Salz zugegeben wird.

o Wird die Glasur während des Anrührens zu fest oder hart, gießen Sie etwas Zitronensaft dazu.

o Damit der Zuckerguß schön glatt wird, überziehe man den Kuchen zuerst mit einer dünnen Schicht, lasse diese Grundierung trocknen und streiche dann die zweite und letzte Schicht auf. Sie läßt sich so leichter auftragen und sieht dann sehr schön aus.

o Ein sofort verfügbarer und delikater Überzug für Kuchen oder andere Süßspeisen ist mit »Schlagfit« und etwas fertiger Schokoladensoße schnell hergestellt. Beides bekommt man in jedem Lebensmittelgeschäft.

o Für eine gute Erdbeerglasur mischt man 2 Eßlöffel Erdbeersaft, ¼ Tasse Zucker, 1 Eßlöffel Zitronensaft und rührt solange, bis sich der Zucker aufgelöst hat.

o Zur Puderzuckerglasur geben Sie ein wenig rote Lebensmittelfarbe dazu, und der Kuchen für die Kinderparty wird gut ankommen.

o Wenn Sie öfter Maraschinokirschen verwenden, bewahren Sie den Saft zum Färben eines Kuchenteiges auf. Reduzieren Sie die angegebene Flüssigkeit aber entsprechend. Der Kirschsaft färbt den Teig rot und gibt ihm besonderen Geschmack und Aussehen.

Tortendekoration in Null-Komma-nichts!

o Ein Zierdeckchen aus Papier oder einfach eine Tortenunterlage mit großem Muster – auf die fertige Torte gelegt – mit Puderzucker bestäubt und vorsichtig wieder abgenommen, ist eine gute Methode, einen Kuchen hübsch und schnell zu verzieren.

Apfel, Birne, Kirsche, Nuß...

Die besten Küchentips für Obst

Die Früchte des Erfolgs

Obst im voraus geschnitten

o Lösen Sie 2 zerdrückte Vitamin-C-Tabletten (oder etwa ½ Teelöffel Pulver) in einer Schüssel mit kaltem Wasser auf und geben dann erst das geschnittene frische Obst hinein. Dann läuft es nicht braun an.

o Übergießen Sie frisch geschnittenes Obst mit Zitronensaft, damit es sich nicht verfärbt. Eine halbe Zitrone reicht für ¼ bis ½ kg geschnittenes Obst.

o Halbierte Früchte bestreicht man mit Zitronensaft.

Ananas

o Frische Ananas sollte man nicht für Süßspeisen verwenden, die mit Gelatine hergestellt werden. Diese Frucht enthält Enzyme, die das Gelieren verhindern. Nehmen Sie entweder Ananas aus der Dose, oder dünsten Sie die frischen Früchte 5 Minuten vor.

Äpfel

o Wenn sie nur kurz aufgehoben werden sollen, halten sie am besten in Plastikbeuteln mit Löchern.

o Äpfel halten länger, wenn sie sich bei der Lagerung nicht berühren.

o Ausgetrocknete Äpfel werden wieder aromatisch, wenn man sie anfeuchtet und die Stückchen mit Apfelmost besprengt.

Avocados

o Avocados reifen schnell nach, wenn sie in einer braunen Obsttüte an einem warmen Platz liegen.

o Wenn Sie testen wollen, ob die Frucht reif ist, stechen Sie mit einem Zahnstocher am Stielende hinein. Läßt sich der Zahnstocher leicht einstechen und auch wieder herausziehen, dann ist die Frucht reif und eßbar.

o Reife Früchte sollten im Gemüsefach des Kühlschranks aufbewahrt werden.

Bananen

o Grüne Bananen reifen schneller, wenn man sie neben eine überreife Banane legt.

o Oder man wickelt sie in ein feuchtes Geschirrtuch und dann in eine Papiertüte.

o Reife Bananen sollten im Kühlschrank aufbewahrt werden. Die Schale verfärbt sich durch die Kälte zwar dunkelbraun, die Frucht selbst aber bleibt davon unbeeinflußt. Der Reifeprozeß wird verzögert.

o Außerdem halten sich die Bananen im Kühlschrank viel länger frisch, wenn sie ungeschält in einem fest verschlossenen Gefäß aufgehoben werden.

Beerenobst

o Prüfen Sie vor dem Kauf von Beerenobst, ob der Boden des Körbchens oder Behälters trocken ist. Matschige oder verschimmelte Beeren am Boden sind ein Zeichen, daß das Obst nicht mehr frisch ist.

o Sortieren Sie zu Hause sofort die zerdrückten und faulen Beeren heraus, denn faule Beeren stecken die gesunden an!

o Beerenobst sollte erst kurz vor dem Verzehr gewaschen und geputzt werden.

Birnen

o Birnen reifen schnell nach, wenn Sie sie zusammen mit einem reifen Apfel in einer braunen Obsttüte an einen schattigen, kühlen Platz legen. Die verschlossene Tüte sollte an einigen Stellen eingestochen werden. Der reife Apfel entwickelt Äthylengas, das den Reifeprozeß bei den Birnen anregt. Dieser Trick mit dem reifen Apfel ist auch bei Pfirsichen und Tomaten anwendbar.

Erdbeeren

o Man kann Erdbeeren mehrere Tage im Kühlschrank aufbewahren, wenn sie in einem Sieb liegen.

o Erdbeeren immer erst waschen, dann putzen. Sie saugen sonst zuviel Wasser auf und werden matschig.

Grapefruit (Pampelmuse)

o Die Dicke der Schale, nicht deren Farbe, sagt etwas über die Qualität der Frucht aus. Dünnschalige Früchte sind meistens saftiger als dickschalige. Früchte mit dicker Schale laufen gewöhnlich am Stielende spitz zu und sehen rauh und runzelig aus.

o Grapefuits kann man ein paar Minuten in kochendes Wasser legen, sie lassen sich dann leichter schälen.

Honigmelone

o Anschauen! Die Farbe der Schale darf gelbgrün bis blaßgelb – nicht aber grün sein!

o Schütteln! Bei der reifen Melone hört man innen die Samen rasseln.

o Riechen! Die reife Frucht duftet.

o Tasten! Der Bauchnabel sollte etwas weich sein. Ist die ganze Melone weich, ist sie überreif.

Orangen

o Als Saftorangen sind vor allem die dünnschaligen zu empfehlen.

o Um größere Saftmengen zu bekommen, folge man den Tips für Zitronen.

Rosinen

o Rosinen lassen sich leichter hacken, wenn beide Seiten des Hackmessers leicht mit Butter eingefettet werden.

o Oder weichen Sie die Rosinen in kaltem Wasser ein.

Wassermelonen

o Reifetest: Schnalzen Sie mit Daumen und Mittelfinger auf die Melone. Klingt sie hell und macht »ping«, ist sie unreif, hört es sich tief und voll an, wie »pong«, dann ist sie gut und reif.

Zitronen

o Zitronen mit glatter Schale und weitgehend runder Form sind saftiger und aromatischer, weil sie ausgereift sind.

- Ungespritzte Zitronen, die 15 Minuten in heißes Wasser gelegt werden, ergeben fast die doppelte Saftmenge.
- Oder erwärmen Sie die Zitronen vor dem Auspressen einige Minuten im Backofen.
- Oder rollen Sie die Zitrone auf dem Küchentisch mit etwas Druck hin und her. Sie gibt dann mehr Saft.
- Brauchen Sie nur einige Tropfen Zitronensaft, dann stechen Sie die Frucht nur am Ende mit einer Gabel etwas ein und drücken ein paar Tropfen heraus. Dann legen Sie die Zitrone wieder in den Kühlschrank zurück – sozusagen unbenutzt.

Früchte nachreifen

- Legen Sie Tomaten mit dem Stiel nach oben an einen warmen, hellen Platz, der aber kein direktes Sonnenlicht bekommt.
- Grüne Bananen – und auch Tomaten – reifen gut nach, wenn man sie in ein feuchtes Tuch wickelt und dann in Papier einschlägt.
- Avocados bettet man zum Nachreifen in Mehl.

Nüsse zum Knacken

Kokosnüsse öffnen

- Mit einem spitzen Gegenstand (Korkenzieher oder Handbohrer) die Augen anbohren und die Kokosmilch herausfließen lassen.

- Wenn man die Schalen (zum Basteln für Kinder oder zum Musizieren) verwenden möchte, sägt man die Nuß in der Längsachse so ein, daß nur die Schale eingeschnitten ist. Mit einem Hammer schlägt man dann behutsam nacheinander auf beide Hälften, und innen löst sich der Kern von der Schale.
- Wenn man das Fruchtfleisch möglichst großflächig herausnehmen möchte, schlägt man mit dem Hammer rundherum die Schale entzwei.
- Brauch man Kokosnuß zum Backen, für Füllungen u. ä., legt man sie 45–60 Minuten in den 175 heißen Backofen, bis die Schale zu brechen beginnt. Handwarm abkühlen lassen und den Rest der Schale mit dem Hammer abklopfen.

Kokosnüsse zerkleinern
- Für eine kleine Menge auf der Raspel reiben.
- Für eine mittelgroße Menge die geschälten Stücke in der Mandelmühle zermahlen.
- Für große Mengen im Mixer ein Püree aus geschälten Nußstücken und Kokosmilch bzw. einer anderen im Rezept angegebenen Flüssigkeit herstellen.
- Das Schälen der Kokosnußhaut kann man durch einfaches Abschaben mit einem scharfen Messer oder mit einem Kartoffelschäler mit beweglicher Klinge besorgen.

Walnüsse schälen
- Wenn man die Walnüsse möglichst im Ganzen aus der Schale bekommen möchte, lege man sie 24 Stunden lang in handwarmes Wasser.

Eßkastanien schälen
- Für Füllungen schneidet man die Früchte an der flachen Seite mit einem Schälmesser kreuzweise ein und läßt sie etwa 10 Minuten mit Wasser bedeckt kochen. Abgießen. Schale und Haut lassen sich leicht mit dem Messer entfernen.
- Heiße Maroni können Sie schnell zum Naschen selber zubereiten. An der flachen Seite einschneiden und in einer trockenen Pfanne bei geringer Temperatur rösten.

Immer frisch und knackig

Die besten Tips zum Frischhalten von Nahrungsmitteln – und manches andere

Wie kühlen?

Bananen

o Frisch geschälte Bananen gleich mit etwas Zitronensaft beträufeln, dann werden sie nicht braun und unansehnlich.

o Überreife Bananen kann man vor dem Verfaulen retten, wenn man sie einfriert. Später läßt sich daraus vorzüglich Speiseeis zubereiten.

o Überreife Bananen eignen sich auch gut zum Ausbacken in Butter. Mit Honig übergossen, sind sie eine hervorragende Nachspeise.

Brot

o Brot im Plastikbeutel im Kühlschrank aufheben.

o Mit einem Stückchen Sellerie in der Brottüte, bleibt das Brot lange eßbar.

o Ausgetrocknetes Brot kann man wieder frisch bekommen, wenn man es 24 Stunden lang in einem feuchten Tuch eingeschlagen in den Kühlschrank legt. Danach das Tuch entfernen und das Brot einige Minuten im vorgeheizten Ofen aufbacken.

Frische Eidotter

o Übriggebliebene Eidotter in eine Tasse gleiten lassen, kaltes Wasser darüberfüllen und in den Kühlschrank stellen. Die Dotter halten so einige Tage frisch, ohne daß sie austrocknen.

Honig

o Wenn der Zucker nicht auskristallisieren soll, füllen Sie den Honig in kleine Plastikbecher und frieren ihn ein. Das Auftauen geht schnell.

o Wenn der Honig bereits kristallisiert ist, kann man ihn vorsichtig im Wasserbad bis max. 40°C (Badethermometer) erwärmen, ohne daß er seine wertvollen Bestandteile verliert. Öfter umrühren.

Kartoffeln

o Zu viele oder auf Vorrat geschälte Kartoffeln lassen sich

leicht 3–4 Tage im Kühlschrank aufbewahren, wenn man sie, in einer verschließbaren Schüssel mit kaltem Wasser bedeckt, dem ein paar Tropfen Essig zugegeben sind, stehen läßt.

Käse

o Käse hält sich ohne Austrocknen und Schimmelansatz, wenn er in einer luftdicht verschließbaren Kunststoffschachtel, die mit Pergament-(Butterbrot-)papier ausgelegt ist, im Kühlschrank gelagert wird.

o Wenn man keine solche Schachtel hat, wickelt man ihn in ein mit Essig befeuchtetes Tuch und hält ihn kühl.

Knoblauch

o Knoblauch riecht weniger durchdringend, wenn man den grünen Sproß aus der Mitte der Zehe entfernt.

o Knoblauchzehen kann man gut im Tiefkühlfach aufbewahren, wenn sie in einer Plastiktüte fest verschlossen werden.

o Knoblauchzehen trocknen nicht aus, wenn man sie – geschält – in Salatöl legt. Wenn der Knoblauch aufgebraucht ist, ist das Öl besonders aromatisch und gut zur Zubereitung der Salatsoße geeignet.

o Man bekommt keine »Knoblauch-Hände«, wenn man das letzte Häutchen von der Zehe nicht entfernt, sondern mit der Zehe durchpreßt.

o Unangenehmer Knoblauch-Mundgeruch verschwindet fast ganz, wenn Sie nach einer herzhaften Knoblauchspeise ein Glas Milch trinken oder Schokolade essen.

Olivenöl

o Olivenöl hält länger frisch, wenn man ein Stück Würfelzucker mit in die Flasche gibt.

Küchenkräuter (Petersilie, Schnittlauch, Dill u. ä.)

o Damit sie frisch und schnittfest bleiben, in einem Glas mit weiter Öffnung und Schraubverschluß im Kühlschrank aufbewahren.

o Plastikbehälter mit Vakuumdeckel erfüllen den gleichen Zweck. Papier-Küchentuch einlegen.

o Petersilie läßt sich auch gut einfrieren, ohne daß sie an Geschmack verliert.

Salat
o Kopf- und andere Blattsalate bleiben länger frisch, wenn sie in Zeitungspapier, statt in Plastik, eingewickelt sind.

Wurst
o Um die Haut von der Wurst leichter abziehen zu können, mit kaltem Wasser übergießen oder kurz in Eiswasser legen.

Speiseeis
o Manchmal bekommt Speiseeis einen wachsartigen Film auf der Oberfläche, wenn man den Behälter geöffnet und wieder in das Gefrierfach gestellt hat. Dieses kann man vermeiden, wenn man auf die angebrochene Schachtel ein Stück Zellophan oder Klarsichtfolie drückt und mit dem Deckel verschließt.

Quark
o Er wird doppelt so lange frisch bleiben, wenn man die gut verschlossene Packung auf den Kopf stellt.

Zwiebeln
o Wenn Zwiebeln einzeln in Folie eingewickelt werden, treiben sie nicht, werden nicht weich und bleiben länger frisch.

Eiszapfen
und gefrorener Fisch

Die besten Küchentips zum Einfrieren

Kalte Tatsachen

Was man vom Einfrieren wissen sollte

o Füllen Sie die einzufrierenden Speisen oder Flüssigkeiten nie ganz bis oben hin in die Behälter, sondern lassen Sie gut 1 cm Zwischenraum bis zum Deckel, denn durch das Gefrieren vergrößert sich das Volumen.

o Damit die einzelnen Teile (z. B. Erdbeeren oder Kirschen) beim Einfrieren nicht zu einem Klumpen gefrieren, kann man sie – lose verteilt – auf einem Backblech schockgefrieren, dann in Behälter füllen, luftdicht verschließen und in die Gefriertruhe legen.

o Gemüse sollte vorm Einfrieren kurz blanchiert, d. h. vorgegart werden, weil es dann weniger an Struktur, Farbe und Geschmack verliert.

o Beschriften und datieren Sie das Eingefrorene, denn »ewig« soll es ja nicht in der Gefriertruhe bleiben; außerdem kann man nach einer Weile kaum noch Rosenkohl von grünen Stachelbeeren unterscheiden, wenn es nicht darauf vermerkt ist.

Was man alles einfrieren kann

Bananen

o Überreife Bananen kann man retten, indem man sie zu einem Brei zerdrückt, etwas Zitronensaft dazugibt und einfriert. Für Nachspeisen oder Speiseeis später bestens zu verwenden.

o Oder frieren Sie die geschälten Bananen im ganzen ein, bevor sie verderben, und machen daraus ein »Eis-am-Stiel«.

o Oder im ganzen einfrieren und später in der Pfanne in Butter ausbraten, mit Honig übergießen und als leckere Nachspeise servieren.

Blaubeeren (Heidelbeeren)

o Nicht waschen! So wie sie sind in Beutel oder Gefrierbehälter füllen. Sie werden ihr Aussehen, Aroma und ihre Form bewahren.

Brot
o Wer günstig größere Mengen frischen Brotes als Laib oder im Paket kaufen kann, friert die nicht sofort benötigte Menge ein. So haben Sie immer frisches Brot im Haus.
o Das gilt auch für Semmeln bzw. Brötchen.

Butter
o Butter kann über mehrere Monate gefroren aufbewahrt werden, wenn sie luftdicht verschlossen wird.
o Butterpapiere lassen sich bestens einfrieren. So hat man sie stets zum Einfetten von Backblechen oder Kuchenformen zur Hand.

Chips
o Kartoffelchips werden nicht weich im Gefrierfach, wenn sie luftdicht verschlossen sind.

Eier
o Eiweiß läßt sich bis zu einem Jahr einfrieren. 2 Teelöffel voll entsprechen 1 Eiweiß.
o Um dem späteren Gerinnen vorzubeugen, mische man dem einzufrierenden Eiweiß etwas Salz und Zucker unter.

Gemüsebrühe einfrieren
o In Kastenform gießen, einfrieren, dann aus der Form nehmen und in Gefrierbeutel geben. Die Blöcke sind leicht zu stapeln und beanspruchen so nur einen geringen Platz im Gefrierfach.

Kaffee
o Kaffeebohnen und auch gemahlener Kaffee bleiben im Kühlschrank und Gefrierfach länger frisch.

Knoblauch, Paprikaschoten und Zwiebeln
o Kleinhacken und luftdicht in Plastikbehältern einfrieren. Sie sind dann schon gebrauchsfertig zur Hand, wenn man sie für Suppen, Eintopf oder Soßen braucht.

Kräuter

○ Küchenkräuter lassen sich gut einfrieren, wenn auch ihr Aussehen nach dem Auftauen etwas leidet – der Geschmack bleibt erhalten.

Oliven, Gewürzgurken, etc.

○ Angebrochene Gefäße mit eingelegten Oliven, Gurken u. ä. lassen sich gefroren gut aufbewahren.

Käse

○ Käsesorten, die eingefroren werden können, sind Schmelzkäse, Schweizer, Holländer, Chester, griechische, französische und italienische Käsesorten. Auch Frischkäse oder Sahnequark lassen sich einfrieren.
○ Parmesan oder andere harte Käsesorten lassen sich im gefrorenen Zustand leicht reiben.
○ Will man einen weichen Käse reiben, sollte man ihn etwa 15 Minuten einfrieren! Danach geht es ganz leicht.

Kartoffelbrei

○ Übriggebliebenen Kartoffelbrei in flache Klöße formen, in Mehl oder Semmelbrösel wälzen, schockgefrieren, in Plastikbeutel füllen und in der Gefriertruhe aufbewahren. Bei Bedarf unaufgetaut ausbraten.

Kohl

○ Kohlkopf waschen, mit einem Küchentuch gut abtrocknen und im Plastikbeutel einfrieren. Beim Auftauen sind die Blätter weich und lassen sich leicht vom Kopf lösen. Besonders zu empfehlen bei Kohlrouladen, weil Sie sich das Vorkochen und damit die lästigen Kochgerüche ersparen.

Sahne (Rahm)

○ Schlagsahne im Originalbehälter läßt sich bestens einfrieren, wenn zwischen Inhalt und Deckel noch etwa 1 cm »Luft« ist.
○ Sahne läßt sich gut schlagen, wenn nach dem Auftauen noch einige Eisstückchen darin enthalten sind.

Zitronen- und Orangenschalen

○ Einfrieren. Bei Bedarf unaufgetaut reiben, aber natürlich nur, wenn sie nicht gespritzt sind.

Das Auftauen

○ Um Fleisch schnell aufzutauen, legen Sie es mit seiner Verpackung in eine wassergefüllte Schüssel, dem etwas Salz beigegeben wurde. Schüssel zudecken und eine Stunde stehen lassen.

○ Bestreuen Sie gefrorenes Hackfleisch mit der Menge Salz, die Sie sowieso zum Zubereiten verwenden wollen. Salz beschleunigt den Tauprozeß.

○ Oder legen Sie das aufzutauende Stück einfach in den Geschirrspüler und stellen auf »Trocknen« ein.

Pannenhilfe für die Gefriertruhe

○ Wenn Sie checken wollen, ob Ihr Kühlschrank oder die Gefriertruhe während Ihres Urlaubs auch ordnungsmäßig gelaufen ist, legen Sie einen Beutel mit Eiswürfeln ins Gefrierfach bzw. obenauf. Finden Sie die Würfel nach Ihrer Rückkehr deformiert vor, dann wissen Sie, daß nun einige Probleme zu lösen sind.

Pfeffer macht scharf!

Die besten Tips zum Würzen

Jetzt wird's würzig

Allgemeines über Gewürze und Kräuter

o Frische Gewürze halten ihr Aroma länger, wenn sie in Oliven-öl eingelegt und im Kühlschrank aufbewahrt werden.

o Man braucht nur ein Drittel der angegebenen Gewürzmenge, wenn man statt der üblicherweise getrockneten, frische Ge-würze verwendet.

o Geben Sie frische Kräuter immer erst kurz vor dem Servieren zu dem entsprechenden Gericht.

o Haben Sie für ein Gericht mehrere frische Kräuter vorgese-hen, dann achten Sie darauf, daß vor allem reichlich Schnitt-lauch dabei ist. Er sorgt dafür, daß sich das Aroma aller Kräu-ter gut entfaltet.

o Getrocknete Gewürze werden aromatischer, wenn man sie mit den Fingern zerreibt, bevor sie an die Speisen gegeben werden.

o Mit einem Stückchen Kräuter- oder Knoblauchbutter ist frisch gekochtes Gemüse schnell und schmackhaft gewürzt.

o Will man die Gewürze nicht in Suppe oder Eintopf lassen, binde man sie vorher in ein Mullsäckchen ein. Mit einem Griff sind sie nach dem Kochen wieder entfernt.

o Für langsam garende Speisen nehmen Sie unzerkleinerte Ge-würze, weil sie dann genug Zeit haben, ihr Aroma abzuge-ben.

Kräuter von B–Z

Basilikum

o Frisch oder getrocknet, vor allem zu Tomatengerichten und Fisch zu empfehlen.

Beifuß

o Ein altbewährtes Gewürz für Gänsebraten.

Bohnenkraut

o Vor allem, wie es der Name schon ankündigt, für Bohnenge-müse und -salat zu verwenden.

Borretsch
o Die frischen Blätter sind ein delikates Salatgewürz.

Curry
o Eine indische Gewürzmischung, die vor allem zu Fleisch, Fisch und Reis paßt.

Dill
o Am besten schmecken die frischen Blätter zu Gurkensalat, Eiersalat, Fisch, Krabben. Auch getrocknet behält Dill noch sein feines Aroma.
o Mit kaltem Wasser leicht besprengen und im Schraubglas im Kühlschrank aufbewahren.

Estragon
o Estragonzweige werden gern in Essig eingelegt. Aber auch für Suppen und Fleisch ist das Gewürz sehr beliebt.

Ingwer
o Frische Ingwerwurzeln braucht man meistens nicht vollständig auf und weiß nicht wohin mit dem Rest. Wenn Sie die sauber geputzte Wurzel in Scheibchen schneiden oder kleinhakken, in ein Schraubglas füllen und mit trockenem Sherry oder Wodka bedecken, hält sich der Ingwer im Kühlschrank monatelang frisch.

Kerbel
o Nur die frischen Blätter verwenden. Am besten schmeckt das Gewürz in Suppen oder grünen Soßen.

Knoblauch
o Um die Haut von Knoblauchzehen leichter zu entfernen, legen Sie die Zehe kurz in warmes Wasser.
o Frisches Knoblauchsalz läßt sich leicht herstellen: Schneiden oder quetschen Sie eine Zehe auf ein mit Salz bestreutes Brettchen. Das Salz nimmt den Saft auf, vermindert den scharfen Knoblauchgeruch und verhindert außerdem, daß der Knoblauch am Messer haften bleibt.

Koriander

o Bei uns werden eigentlich nur die getrockneten Körner verwendet. Vor allem zu Brot und Gebäck. In den Mittelmeerländern ist Koriander auch als frisches Gewürzkraut beliebt, vor allem zu Hammelfleisch und anderen fetten Fleischgerichten.

o Machen Sie doch einmal den Versuch und pflanzen Sie einige Korianderkörner in einen Blumentopf. Vielleicht entdecken Sie ein neues Gewürz?

Kümmel

o Kann sehr vielseitig verwendet werden. Zum Beispiel für Brot, Kraut, Quark, Kartoffeln, Schweinebraten u. a.

o Kümmel mindert die Blähwirkung bei Kohl- oder Zwiebelgerichten.

Liebstöckel

o Ein sehr intensives Gewürz. Schmeckt vor allem in Bratensoßen, Eintöpfen, Suppen. Getrocknet verliert es viel von seinem Aroma.

Lorbeerblätter

o Legen Sie doch die Lorbeerblätter zum Würzen Ihres Eintopfes in ein Tee-Ei, dann sind sie hinterher schnell wieder herausgenommen.

o Oder stecken Sie sie einzeln auf Zahnstocher! Das gilt übrigens auch für jene Gewürze wie Pimentkörner oder Nelken, die man nicht gerne mitessen möchte.

Majoran

o Frisch oder getrocknet zu Eintöpfen, Kartoffeln, Brot und Wurst.

Meerrettich

o Meerrettich möglichst nicht mitkochen, denn er verliert dabei seine feine Schärfe.

o Frischgeriebener Meerrettich schmeckt am besten. Brauchen Sie aber hin und wieder nur eine kleine Menge, dann kaufen Sie sich am besten konservierten Meerrettich im Glas.

Muskat

o Am besten schmeckt Muskat frisch gerieben zu Gemüse, Suppen, Soßen und Käsespeisen.

Nelken

o Verwenden Sie möglichst die ganze getrocknete Blütenknospe. Das Gewürz paßt zu allen süßsauren Gerichten, zu Kompott, Glühwein und verschiedenem Gebäck.

o Verbreiten Sie Wohlgeruch in Ihren Küchenschränken oder Speisekammern – aber auch in Kleiderschränken –, indem Sie eine Orange mit Gewürznelken spicken und darin aufhängen.

Oregano

o Der aus den Mittelmeerländern kommende wilde Majoran ist vor allem in der italienischen Küche beliebt. Er paßt zu Tomaten, Fleischsoßen, Pizza und Nudelgerichten.

Paprika

o Als liebliche oder scharfe Sorte im Handel, ist Paprika das klassische Gulasch-Gewürz. Paßt auch zu Soßen, Fisch, Salaten, Reis.

Petersilie

o Frische Petersilie »belebt« getrocknete Kräuter! Die Frische geht auf die getrockneten Kräuter über, und der Unterschied im Geschmack ist verblüffend. Gleiche Mengen frischer Petersilie mit getrocknetem Dill, Basilikum, Majoran, Rosmarin o. ä. in ein verschließbares Glas geben und einige Stunden wirken lassen.

o Um Petersilie zu trocknen, lege man sie auf ein Backblech und lasse sie bei niedrigster Einstellung im Herd langsam trocknen. In einem Schraubglas an einem kühlen Platz (z. B. Kühlschrank) aufbewahrt, ist sie für Monate brauchbar.

Pfeffer

o Als grüner, weißer oder schwarzer Pfeffer im Handel. Grob zerquetscht oder frisch gemahlen schmeckt er am besten.

o Ein paar Pfefferkörner im Pfefferstreuer verhindern das Verstopfen der Löcher und geben dem gemahlenen Pfeffer außerdem mehr Aroma.

Rosmarin

o Getrockneter Rosmarin sieht wie kleine Tannennadeln aus. Schmeckt vor allem in Fleischgerichten, Soßen, Marinaden.

o Rosmarin ist ein etwas sprödes Gewürz. Mahlen Sie es doch vor Gebrauch in einer Pfeffermühle.

Salbei

o Ein nicht nur altbekanntes Heilmittel (Erkältungen) sondern auch ein fast unentbehrliches Gewürz für viele Fleischspeisen.

Senfpulver

o Einen halben Teelöffel Senfpulver zum Paniermehl hinzufügen, und der Geschmack Ihres Brathähnchens wird Sie begeistern.

Thymian

o Neutralisiert fette Gerichte. Sehr gut in Fleischspeisen, Salaten, Soßen, für Fische und Krebse.

Wacholder

o Die getrockneten Beeren verbessern Wildbeize und Fischsud und gehören vor allem ins Sauerkraut. Wenn die Beeren etwas zerquetscht werden, bevor sie in einem Gericht mitgekocht werden, können sie gut mitgegessen werden. Sie sind nämlich sehr gesund.

Zimt

o Als Stange oder Pulver im Handel. Paßt zu Süßspeisen und Gebäck.

o Ein Teelöffel gemahlener Zimt gilt unter anderem als »Geheim«-Gewürztip bei Hähnchen im Bierteig.

Zitronenmelisse
o Die frischen Blätter sind eine köstliche Bereicherung für Blattsalate, Kräutersoßen, Fisch- und Geflügelgerichte. Getrocknet verliert die Zitronenmelisse viel an Aroma.

Kräuter trocknen
o Haben Sie sehr viel Petersilie, Dill und Schnittlauch angepflanzt, trocknen Sie die Kräuter nach der Ernte und bewahren sie auf. Erst gut waschen und abtropfen lassen, dann zwischen zwei Papierhandtüchern im Mikrowellenofen 10 Minuten auf Mittelhitze trocknen. Abkühlen lassen, zerbröseln oder -schneiden. In luftdichten, dunklen Gläsern lagern.
o Oder binden Sie sie in Bündeln zusammen und hängen Sie sie an einem luftigen, schattigen Platz zum Trocknen auf. Dann wie oben verpacken und aufbewahren.

Salz
o Kommt zuviel Salz aus dem Streuer heraus, helfen Sie sich mit etwas farblosem Nagellack! Deckel gründlich waschen und trocknen und einige Löcher von der Rückseite zustreichen.
o Um Salz im Streuer »rieselfähig« zu halten, füge man 5 bis 10 Reiskörner dazu.
o Da für sehr viele Gerichte sowohl Salz als auch Pfeffer gebraucht werden, könnte man sich ein Gemisch daraus immer parat halten. Im gut schließenden Schraubglas mischt man ¾ Salz mit ¼ Pfeffer zum fertigen Gebrauch.

Wann salzt man richtig?
o Bei Suppen und Eintopf: Gleich zu Beginn salzen.
o Bei kurzgebratenem Fleisch: Erst ganz zum Schluß salzen.
o Bei Braten und Geflügel im Backofen: Vor Beginn mit Salz einreiben.
o Bei Gemüse: Im gesalzenen Wasser kochen.

Zwiebelsalz

○ Machen Sie sich doch Ihr Zwiebelsalz selber! Schneiden Sie die Zwiebel oben ab, streuen auf den austretenden Saft Salz und kratzen es mit einem rostfreien Messer ab. Diesen Vorgang können Sie solange wiederholen, bis die Zwiebel trokken und Ihr Bedarf an Zwiebelsalz gedeckt ist.

Salzloses Würzen

○ Mischen Sie jeweils 2½ Teelöffel Paprika-, Knoblauch- und Senfpulver, 5 Teelöffel Zwiebelpulver und ½ Teelöffel gemahlenen schwarzen Pfeffer. Halten Sie stets einen Streuer mit dieser Gewürzmischung auf dem Tisch und in der Küche bereit, und ersetzen Sie damit das Salz.

Pfiffiges...

Die besten allgemeinen Küchentips

Wie man sich helfen kann

Topflappen als Brillenetui

o Nähen Sie einen quadratischen Topflappen seitlich und unten zusammen und benutzen Sie ihn als Brillenetui beim Kochen. Mit dem Aufhänger ist er fast überall griffbereit anzubringen.

Tüten als Trichter

o Eine spitze Tüte oder ein Briefumschlag, denen man die Spitze bzw. Ecke abgeschnitten hat, dienen vorzüglich als Trichter für trockene Substanzen wie Mehl, Zucker oder Salz, die man in enge Gefäße umfüllen möchte.

o Bei Flüssigkeiten nimmt man eine saubere Plastiktüte, unter Umständen auch einen Gummihandschuh, dem man die Fingerspitze gekappt und den man selbstverständlich auch vorher gründlich gesäubert hat.

o Eine gut gießende Soßenschüssel ist auch ein brauchbarer Trichterersatz.

Teigschaber als Eiskratzer

o Teflonspachtel oder Plastik-Teigschaber sind hervorragende Eiskratzer für die Windschutzscheibe im Winter, ohne die Scheibe zu zerkratzen.

Kühlschrankgitter für Kuchen

o Sie haben vielleicht sehr viele Kuchen, Brote oder Plätzchen gebacken und wissen nicht, wohin zum Abkühlen? Nehmen Sie ein oder mehrere Borde aus dem Kühlschrank heraus, und Sie haben die besten Kuchengitter zur Verfügung.

o Wenn die Arbeitsfläche in der Küche nicht ausreicht, ziehen Sie einfach einige Schubladen soweit heraus, daß ein Backblech oder Tablett darauf Platz hat.

Flasche als Nudelholz

o Eine schlanke, möglichst zylindrische Flasche wird von Aufklebern befreit, mit kaltem Wasser gefüllt und gut geschlossen. Fertig ist die Küchenrolle.

Ein Schneidebrett aus einer alten Zeitschrift

o Umwickeln Sie eine alte, dicke Zeitschrift fest mit starker Alufolie, und fertig ist Ihr Brett. Man kann auch einige Pappdeckel oder Wellpappe übereinanderlegen und mit der Folie überziehen. Eignet sich auch als Untersetzer für heiße Töpfe.

Ein Mehlbestäuber

o Die Anschaffung einer neuen Puderquaste lohnt sich. Deponieren Sie sie in der Nähe Ihres Mehlbehälters, und verwenden Sie die Quaste, wenn das Backbrett, das Nudelholz oder andere Dinge bemehlt werden sollen. Eine gute Hilfe!

Das soll alles in den Kühlschrank?

o Batterien und Filme – gut eingewickelt – bleiben im Kühlschrank länger haltbar.

o Falls noch genügend Platz im Kühlschrank ist, können Sie auch Ihre eingefeuchtete Bügelwäsche dort aufbewahren. Sie wird nicht muffig werden bis zum Bügeln.

Noch nicht wegwerfen!

Wein ist sauer geworden

o Verwenden Sie ihn anstelle von Essig, besonders bei Marinaden.

Bier ist schal geworden

o Dieses Bier ist immer noch hervorragend als Haarfestiger nach Großmutters Art zu gebrauchen.

Sprudelwasser ist abgestanden

o Verwenden Sie es zum Tee- oder Kaffeekochen, wenn das Leitungswasser sehr hart ist, d. h. kalkhaltig.

o Gießen Sie damit Ihre Zimmerpflanzen. Die darin enthaltenen Mineralien geben den Pflanzen Kraft und Farbe.

Ausgedörrte Datteln, Feigen und Rosinen

o Im Sieb über dem Wasserbad dämpfen.

o Oder in ein Marmeladenglas füllen, mit Wasser bedecken und einige Zeit verschlossen in den Kühlschrank stellen.
o Oder im Backofen bei Mittelhitze einige Minuten lang erwärmen.

Eierschalen
o Die Schalen roher Eier im Backrohr trocknen und dann im Mörser pulverisieren. Guter Dünger für die Pflanzen.

Kristallisierter Honig, Sirup und Gelee
o Die Behälter in heißes Wasser stellen. Das weich gewordene Gelee für Waffeln oder Pfannkuchen verwenden.

Eierschachteln
o Sie eignen sich bestens zum Basteln mit Kindern.
o Wenn man sonst nichts mit ihnen anfangen kann, sind sie immer noch gut zum Anheizen zu gebrauchen.

Toastbrot ohne Toaster
o Nehmen Sie die Herdplatte und legen eine Alufolie unter die Scheiben. Bei mittlerer Hitze rösten!

Im Falle einer Energiekrise
o Wenn der Strom ausfällt und Sie keine Kerzen im Haus haben, drehen Sie ein Papierküchentuch zusammen, befeuchten es mit Speiseöl und lassen es angezündet in einer Schüssel mit Wasser schwimmen. Eine archaische Beleuchtung.
o Die Zündflamme Ihres gasgeheizten Backofens ist zum Dörren gut geeignet. Legen Sie die geschnittenen Früchte oder Gemüse (Äpfel, Zwetschgen, Sellerie, Zwiebeln etc.), die getrocknet werden sollen, auf einen Rost und lassen sie 24 Stunden im Ofen.

Wenn ein Korkenzieher fehlt
o Lassen Sie heißes Wasser über den Flaschenhals laufen. Die erwärmte Luft unter dem Korken drückt diesen heraus.

Schneiden klebriger Nahrungsmittel

o Vor dem Schneiden das ganze Stück einmehlen (z. B. rohe Leber).

o Das Messer in heißem Wasser vor dem Schneiden erwärmen (z. B. für hohe, trockene Torten oder weichen Käse).

Gebackener Schnee

o Baiser-Schaum auf einer Obsttorte (Rhabarber-, Johannisbeertorte etc.) läßt sich nach dem Backen besser schneiden, wenn Sie etwas normalen Zucker darüberstreuen und dann erst backen.

Warme Brötchen

o Wenn Sie eine Alufolie unter die Serviette Ihres Brotkorbs legen, bleiben Ihre Brötchen länger warm.

Butter geschmeidig machen

o Zu harte Butter wird schnell streichfähig, wenn man eine heiße Pfanne kurz über die Butterdose stülpt.

o Braucht man weiche Butter für einen Teig, raspelt man sie in die Schüssel, und sie läßt sich sofort verrühren.

Wie kommt das Ketchup aus der Flasche?

o Einen Trinkhalm bis auf den Flaschenboden stecken und wieder herausziehen. Die damit eingedrungene Luft ermöglicht leichtes Fließen.

Das Küchengespenst

Die besten Küchentips, wenn etwas schiefgegangen ist

Zuviel davon

Wenn etwas versalzen ist
o Bei klaren Suppen, mehr Wasser hinein.
o Oder ein rohes Ei in die Brühe quirlen. Das geronnene Eiweiß herausnehmen; denn es wird den größten Teil des Salzes aufgenommen haben.
o Bei gebundenen Suppen und Eintopf, rohe Kartoffeln hineinraspeln und aufkochen lassen.
o Viel frischgehackte Kräuter untermischen.
o Apfelessig und Zucker zu gleichen Teilen mischen und teelöffelweise ins Kochgut geben, bis das überschüssige Salz neutralisiert ist.
o Zu salzige Sardellen oder Matjes 15 Minuten in kaltem Wasser ziehen lassen, herausnehmen und abtrocknen.

Wenn etwas zu süß geraten ist
o Ein Teelöffel Zitronensaft, evtl. auch Apfelessig, bindet den Zucker und rundet außerdem den Geschmack der Speise ab.

Eigengeschmack verstärken
o Süße Speisen schmecken besser mit einer Prise Salz, und salzigen Gerichten oder Saucen gibt man eine Prise Zucker zu.

Die Soße ist zu dünn geraten
o Einen Teelöffel Mehl, evtl. auch Stärkemehl, in einer Tasse mit kaltem Wasser zu einem glatten Brei mischen und unter ständigem Rühren in die Soße einfließen und aufkochen lassen.
o Mit einem Schneebesen etwas Kartoffelpüree-Pulver einrühren.

Zuviel Fett in Soße, Suppe oder Eintopf
o Wenn es nicht eilt, Flüssigkeit kaltstellen, und das dann erhärtete Fett von der Oberfläche abnehmen.
o Eiswürfel erfüllen den gleichen Zweck, nur muß man sehr schnell sein bei dieser Methode.

o Bei sehr fetthaltiger, gebundener Soße ein bißchen Natron hinzufügen.

Zuviel Knoblauch
o Kleingezupfte Petersilienblätter in einem Tee-Ei in den Topf hängen und so lange mitkochen, bis das überschüssige Gewürz darin gebunden ist.

Verbranntes

Angebranntes in der Pfanne
o Die Pfanne sofort vom Herd nehmen und kurze Zeit in kaltes Wasser stellen, um den Kochvorgang zu unterbinden. Vorsichtig mit einem Holzlöffel die unangebrannten Stücke herausnehmen und in eine andere Pfanne legen; eventuell mit frischem Fett oder Wasser fertigbraten. Möglichst keine angebrannten Stücke wieder verwenden.

Fleisch
o Bedecken Sie das Fleisch mit einem feuchtheißen Tuch, lassen es 5 Minuten darauf liegen und kratzen dann die verbrannte Kruste mit einem Messer herunter.

Milch
o Richtig angebrannte Milch ist kaum zu retten, denn sie schmeckt durch und durch angebrannt.
o Leicht angesetzte Milch nimmt man vom Herd, stellt den Topf ins kalte Wasser und tut 1 Prise (1/8 Teelöffel) Salz in die Milch, um den Geschmack zu binden.
o Man verhindert das Ansetzen der Milch mit einem Stück Zucker, das man, ohne umzurühren, beigibt.

Kuchen
o Lassen Sie den angebrannten Kuchen erst abkühlen, bevor Sie ihn vorsichtig abkratzen. Dann überziehen Sie ihn zunächst mit einer sehr weichen Glasur, um die Krümel zu binden und dann mit einer zweiten, festeren Glasur, nachdem die erste getrocknet ist.

Kekse, Plätzchen

o Nehmen Sie zum Abkratzen eine feine Reibe, anstelle eines Messers, sonst haben Sie möglicherweise zum Schluß nur noch eine Handvoll Krümel übrig.

Reis

o Um den unangenehmen Geruch von angebranntem Reis zu binden, legen Sie obendrauf ein Stück frisches Weißbrot – vorzugsweise die Endstücke – und decken den Topf zu. Nach einigen Minuten ist der Geruch verschwunden.

Gebratenes

o Wenn Gebratenes, wie zum Beispiel Hackfleischklöße (Fleischpflanzl, Frikadellen), ansetzt, stellen Sie die Pfanne auf eine kalte Unterlage oder in kaltes Wasser, und Sie bekommen das Gebratene ganz aus der Pfanne, auch die braune Kruste bleibt erhalten.

Wenn etwas kleben bleibt oder gerinnt

Aspik aus der Form bringen

o Befeuchten Sie ein Tuch mit heißem Wasser und legen es ausgewrungen kurz über die Aspikform. Umfassen Sie mit beiden Händen die Form, und mit einer kurzen Bewegung aus dem Handgelenk nach unten gleitet es glänzend aus der Form.

Spaghetti

o Zusammengeklebte Spaghetti entweder über Wasserdampf oder mit Wasser noch einmal kurz erwärmen.

Teig am Nudelholz

o Wenn der Teig immer wieder am Holz kleben bleibt, obwohl Sie es gut eingemehlt haben, kühlen Sie Teig und Nudelholz vorher im Gefrierfach.

Selbstgerührte geronnene Mayonnaise
o Rühren Sie ein frisches Eigelb in einer anderen Schüssel an,
und geben Sie die geronnene Mayonnaise tropfenweise dazu.

Sauce Hollandaise, auch geronnen
o Nehmen Sie die Soße vom Herd, und schlagen Sie tropfenweise 1 Teelöffel heißes Wasser darunter. Nicht wieder erhitzen. Warm servieren.
o Oder: Rühren Sie die Soße im Wasserbad mit 1 Teelöffel sau-
ren Rahm so lange, bis sie glatt ist.

Kreative Küchentips

Brot
o Mit einer Scheibe Brot lassen sich Make-up-Flecken von
dunkler Kleidung entfernen.

Chilisoße
o Katzen können den Geruch von Chilisoße nicht ausstehen.
Wenn Sie nicht wollen, daß Ihre Katze an Ihren Holzmöbeln
hinaufklettert und sie zerkratzt, reiben Sie die Möbel mit Chilisoße ein.

Coca-Cola
o Stark verschmutzte Wäsche bekommt man leicht wieder sauber, wenn zu der normalen Waschmittelmenge noch 1 l Cola
in die Waschmaschine gegeben wird.
o Die Klemmen einer Batterie werden nicht mehr korrodieren,
wenn Sie jede Klemme mit Cola imprägnieren.
o Von Cola weiß man, daß es Rost von Metall entfernt.
o Anstatt die abgestandenen Cola-Reste in den Ausguß zu
schütten, gießen Sie sie ins WC-Becken und schauen zu, was
dann passiert! Nachdem es ein bißchen gewirkt hat, wird das
WC-Becken strahlend sauber sein.

Herd
o Haben Ihre Tennisbälle ihre Sprungkraft verloren? Wenn ja,

legen Sie sie über Nacht unbedeckt auf das Backblech in den Backofen. Die Zündflamme Ihres Gasofens oder niedrigste Einstellung im Elektroherd bringt sie wieder in Form.

Salz
o Eine Handvoll Salz im letzten Spülwasser verhindert, daß die Wäsche an kalten Wintertagen an der Leine festfriert.

Schmalz
o Wenn alle Bemühungen, einen Fettfleck aus einem indanthren gefärbten Kleidungsstück zu entfernen, umsonst waren und Sie glauben, nun nichts mehr verlieren zu können, reiben Sie den Fleck gleichmäßig mit Schmalz ein. Anschließend in heißem Seifenwasser waschen und gründlich spülen.

Spaghetti
o Rohe Spaghetti eignen sich vorzüglich als Anzünder für Kerzen in hohen, schmalen Behältern (z. B. Windlicht).

Speiseöl
o Bevor Sie hohes, feuchtes Gras schneiden müssen, streichen oder sprühen Sie die Klingen Ihres Rasenmähers mit Salatöl ein. Das nasse Gras klebt dann nicht daran.

Tomatensaft
o Tomatensaft nimmt den Geruch von einer frischen Dauerwelle! Das trockene Haar gründlich mit Saft befeuchten, mit einer Plastiktüte oder -haube bedecken und etwa 15 Minuten einwirken lassen. Dann mehrere Male spülen, bevor Sie das Haar richtig waschen.

Die hohe Schule der Raumkosmetik

Die besten Tips zur Küchenreinigung

Die Küchenwände

Reinigen

o Mischen Sie 1 Tasse Salmiakgeist mit ½ Tasse Essigessenz und ½ Tasse Waschsoda auf einen 10 l-Eimer mit warmem Wasser, um die Küchenwände zu reinigen. Mit Schwamm oder weichem Tuch auftragen.

Von unten anfangen

o Fangen Sie unten an, die Wände abzuwaschen, denn wenn Sie oben beginnen, verursachen die herablaufenden Schmutztropfen Flecken und Streifen, die Sie nur sehr mühsam wegbekommen.

Fettflecken an der Wand

o Auf eine ausgediente saubere Puderquaste Talkumpuder streuen und über den Flecken reiben. Sofort wiederholen, bis der Fleck beseitigt ist.

o Oder rühren Sie eine Paste aus Speisestärke mit Wasser an. Auftragen, einige Stunden einwirken lassen, dann abbürsten. Wiederholen, wenn es beim ersten Mal noch nicht geklappt hat.

Rund um die Küche

Die Schränke

o Kalter Tee eignet sich gut zum Reinigen für jedes Holz.

o Fleckig gewordenes Holz kann man mit Schuhcreme behandeln. Mit der passenden Farbe – oder auch mehreren Tönungen übereinander – solange die Flecken bearbeiten, bis sie verschwunden sind.

Topfschränke

o Den Boden im Topfschrank gründlich mit Wäschestärke einsprühen. Er bleibt dann länger sauber.

Backofen

o Eine leichte Art, das Backrohr zu reinigen, ist folgende: Füllen Sie eine Sprühflasche mit einer halben Tasse Salmiakgeist. Auf Backofenwände und -boden sprühen, Tür schließen und warten, bis die Schmutzschicht gelöst ist, dann auswischen. Die Hände werden mit Salmiakgeist nicht in Berührung kommen, wenn Sie danach beim Sauberwischen Gummihandschuhe tragen.

○ Nach der Reinigung mit einem handelsüblichen Reiniger bekommen Sie alle noch verbleibenden Fettreste mit einer Paste aus Natron und Wasser weg. Auf Wände und Boden auftragen, kurze Zeit warten und dann sauberwischen.

○ Um den unangenehmen Geruch nach der Reinigung aus dem Ofen zu bekommen, legen Sie einige ungespritzte Orangenschalen auf den Gitterrost, und »rösten« Sie sie kurze Zeit bei Mittelhitze (etwa 170°).

○ Wenn etwas im Backofen überläuft, die Stelle gleich mit Salz bestreuen. Wenn der Herd abgekühlt ist, kann das Verbrannte abgebürstet und feucht nachgewischt werden.

○ Oder bestreuen Sie den Boden des Backofens mit einem Spülmittel für die Spülmaschine (falls Sie keinen Grillreiniger haben) und bedecken ihn mit feuchten Papierküchentüchern. Einige Stunden einwirken lassen, dann mit klarem Wasser gründlich nachwaschen.

Das Spülbecken

Kalk- und Rostflecken

○ Wenn Wasserflecken oder Kalkablagerungen zu einem Problem werden, dann reiben Sie das Becken mit einem mit Essig oder Spiritus befeuchteten Tuch aus.

○ Spülmaschinenpulver auf einen feuchten Schwamm streuen und das Becken damit ausreiben. Funktioniert auch gut bei Rändern in der Badewanne.

○ Rostflecken in Stahlspülbecken beseitigt man mit Feuerzeugbenzin.

○ Kalk, der sich unten um den Wasserhahn angesetzt hat, kann mit darumgewickelten Papiertuchstreifen und darübergegos-

sener Essigessenz eingeweicht (etwa 1 Stunde) und dann
leicht abgewischt werden.
o Kalkentferner tut gleichen Dienst.

Die Arbeitsplatte
o Eine schonende Art, Saft-, Kaffee- oder Teeflecken von der
Tischplatte zu beseitigen: Mit Natron bestreuen und befeuchten, dann ½ Stunde einwirken lassen und mit feuchtem Tuch
oder Schwamm abwischen.

Chromteile blitzen
o Chromteile werden blitzblank, wenn Sie sie mit einem weichen, in Spiritus getränkten Tuch abreiben.
o Oder nehmen Sie Salmiakgeist mit heißem Wasser vermischt.
o Oder reiben Sie es mit einem trockenen Tuch und darauf ge-
streutem Natron ab, damit es blitzt.
o Auch Nagellackentferner eignet sich vorzüglich, Chrom
blank zu polieren. Das gilt nicht nur für Chromteile in Küche
und Bad, sondern auch für Verzierungen an Möbeln und Ge-
räten, besonders aber am Herd.
o Verchromte Perlatoren sollten von Zeit zu Zeit abgeschraubt
und über Nacht in Essig gelegt werden, damit sich kein Kalk
ansetzen kann.

Abtropfgestell und -matte
o Legen Sie das Gestell und die Matte aus der Spüle über Nacht
in eine Bleichmittellösung. Schmutz und Kalk werden sich lösen.
o Verhindern Sie neuen Kalkansatz, indem Sie das Gestell und
auch die Gummimatte beispielsweise mit einem leichten Film
Möbelpolitur überziehen. Außerdem läßt es sich leichter säubern.

Einfaches Geschirrspülen
o Sie sparen Geld, wenn Sie das billigste Spülmittel verwenden
und einige Spritzer Essigessenz dazugeben. Der Essig löst das
Fett und macht das Geschirr sauber und glänzend.

- Wenn Sie kein flüssiges Spülmittel mehr haben, nehmen Sie Haarshampoo.
- Kleben Sie in die Nähe Ihrer Spüle einen großen Haken an die Wand, an den Sie Uhr und Schmuck aufhängen können, während Sie abspülen.

Stahlwoll-Kratzer ohne Rost
- Gebrauchte, seifenhaltige Stahlwolle ist schwierig aufzubewahren, weil sie so leicht rostet. Wickeln Sie sie darum in Alufolie und legen Sie das Päckchen ins Gefrierfach oder in die Gefriertruhe bis zum nächsten Gebrauch.

Schwamm und Tuch – jeden Tag frisch
- Verschmutzte Spülschwämme über Nacht in eine Waschmittellösung legen und am nächsten Morgen tüchtig ausspülen. So haben Sie immer frische Spültücher.
- Wenn Sie eine Geschirrspülmaschine haben, binden Sie den Schwamm oder das Spültuch am oberen Fach fest und lassen es im Spülprogramm mit durchlaufen.

Geschirr
und Küchengeräte

Mixer
- Können Sie den Mixer nicht auseinandernehmen, dann füllen Sie ihn zur Hälfte mit heißem Wasser, geben einige Tropfen Spülmittel dazu und stellen ihn einige Sekunden an. Dann nachspülen und trocknen.
- Die beweglichen Teile müssen von Zeit zu Zeit geölt werden. Da die zu ölenden Stellen nicht mit Nahrungsmitteln in Berührung kommen, nehmen Sie Maschinen- bzw. Haushaltsöl, denn es verharzt nicht. Salatöl dagegen klebt.

Fleischwolf
- Vor dem Reinigen ein Stück Weißbrot oder eine rohe Kartoffel durchtreiben.

Kaffeemaschine

o Falls Sie keinen Entkalker zur Hand haben, lassen Sie starkes Essigwasser durchlaufen. Danach mehrmals frisches Wasser durchlaufen lassen.

o Oder füllen Sie den Filtertopf mit Wasser und lassen es mit 5 Eßlöffeln Salz 15 Minuten lang durchlaufen.

Töpfe und Pfannen

o Angebrannte Töpfe und Pfannen reichlich mit Waschpulver bestreuen, mit etwas Wasser aufkochen und einige Stunden einwirken lassen. Meistens kann man das Angebrannte dann im ganzen herausnehmen.

o Hartnäckige schwarze Flecken im Topf verschwinden, wenn Sie Spülmaschinenreiniger mit etwas Wasser darin aufkochen und danach gut nachspülen.

o Aluminiumtöpfe werden wieder blitzblank, wenn Sie Tomaten, Äpfel- oder Kartoffelschalen darin kochen.

o Ihre Bratpfanne ist immer parat und wird nie rosten, wenn Sie sie nach jedem Gebrauch mit Salz bestreuen und mit Küchenkrepp ausreiben.

Gußeisentöpfe

o Ein bißchen Essig und Salz aufkochen lassen, und alles Angebrannte wird sich danach leicht abwaschen lassen.

o Die Außenflächen mit Grillreiniger reinigen. Einziehen lassen und mit Essigwasser abspülen.

o Zum völligen Austrocknen stellen Sie diese Töpfe nach dem Abtrocknen in den noch warmen Backofen, denn Feuchtigkeit ist der größte Feind des Gußeisens.

o Müssen Sie mehrere Gußeisentöpfe über- oder ineinanderstellen, dann legen Sie jeweils ein Papierküchentuch dazwischen.

Rostfreie Messer

o Fleckige Messerschneiden reinigen Sie mit etwas Spülmittel – bei hartnäckigen Flecken mit Scheuerpulver – und einem angefeuchteten Weinkorken.

- Rostfreies Edelstahl-Besteck bleibt strahlend blank, wenn man es mit Zitronenschale abreibt und dann normal spült.
- Oder mit Spiritus abreiben.

Wasserkessel
- Kesselstein löst sich über Nacht, wenn Sie den Wasserkessel abends halb und halb mit Essig und Wasser füllen, aufkochen und dann stehen lassen. Gründlich nachspülen.
- Oder füllen Sie den Kessel mit Wasser und frieren ihn einen halben Tag lang ein. Der Kalk löst sich durch die Kälte vom Metall.

Waffeleisen
- Zum Einfetten kann man auch eine neue Zahnbürste verwenden, wenn kein Fettpinsel zur Hand ist. Benutzen Sie die gleiche Bürste, um hinterher das Waffeleisen mit Seifenwasser zu reinigen.

Zartes Porzellan spülen
- Zum Auspolstern des Spülbeckens legen Sie ein altes Handtuch hinein.
- Nikotinflecken an Porzellan reibt man mit einem in Natron angefeuchteten Korken oder weichen Tuch ab.
- Um Tee- und Kaffeeflecken oder Lippenstift zu entfernen, tupfen Sie etwas Salz auf einen feuchten Lappen, und reiben Sie die Stellen schonend sauber.
- Nehmen Sie zum Abwaschen ein mildes Spülmittel, und fügen Sie ¼ Tasse Essig zu. Sehr sorgfältig und gründlich nachspülen.

Glas spülen
- Stellen Sie nie Ihre feinen Gläser in die Spülmaschine – besonders keine mit Goldrand.
- Gläser mit dickem Boden immer seitlich ins warme Wasser gleiten lassen – nicht mit dem Boden zuerst, weil sie durch die plötzliche Erwärmung sonst leicht brechen könnten.

o Kristallgläser werden schön blank, wenn sie in warmem Wasser mit etwas Essig als Zugabe gespült werden.

o Gläser sollten nur mit trockenen, fusselfreien Tüchern (am besten Leinen) abgetrocknet werden.

Glasprobleme

o Wenn sehr feine Kristallgläser Flecken bekommen oder sich durch einen Belag verfärben, füllen Sie sie mit Wasser und geben jeweils eine Zahnersatzreiniger-Tablette hinein. Solange stehen lassen, bis die Verfärbung oder die Flecken verschwunden sind.

o Vasen mit sehr schmalen Hälsen kann man reinigen, indem man das Innere anfeuchtet und Toilettenreiniger hineinschüttet. 10 Minuten einwirken lassen, und die Flecken sind verschwunden.

o Etwas schonender geht es mit Spülmaschinenreiniger.

o Oder füllen Sie die besagte Vase mit heißem Wasser, geben 2 Teelöffel Essig und etwas Reis hinein und schütteln sie kräftig.

o Glaskaraffen kann man mit einer feingehackten, großen, rohen Kartoffel und warmem Wasser füllen und durch festes Schütteln reinigen.

Silber putzen und aufbewahren

o Eine hervorragende Methode: Füllen Sie einen großflächigen Aluminiumtopf mit Wasser – falls Sie keinen haben, legen Sie einen anderen Topf mit Alufolie aus – und fügen 3 Eßlöffel Salz oder Soda hinzu. Fast bis zum Kochen erhitzen und das zu putzende Silber so in den Topf legen, daß es das Aluminium berührt. Solange wirken lassen, bis es ganz blank ist.

o Diese Methode ist besonders für Gabeln praktisch, weil sie so schwer zwischen den Zinken geputzt werden können.

o Spülen Sie das silberne Besteck so schnell wie möglich nach der Benutzung, besonders, wenn Sie stark gesalzene oder mit Essig gesäuerte Speisen, Oliven oder Eier damit gegessen haben.

o Haben Sie nur einige wenige Stücke zu putzen, nehmen Sie einfachheitshalber Zahnpasta.

○ Vergewissern Sie sich, daß das Silber vollkommen trocken ist, bevor Sie es wegstellen. Lassen Sie es noch einige Zeit nach dem Abwasch oder dem Putzen an der Luft liegen. Feuchtigkeit verursacht schwarze Korrosionsflecken.

○ Schlagen Sie die Silberschublade mit weichem, ungebleichtem Flanell aus, den Sie in guten Stoffgeschäften besorgen können. Die Anschaffung lohnt sich!

○ Oder kaufen Sie Silberputztücher und nähen sich daraus Taschen, um das Silber darin aufzubewahren.

○ Legen Sie ein Stück Kreide in die Silberschublade, um die Feuchtigkeit zu binden und damit das Anlaufen zu verhindern.

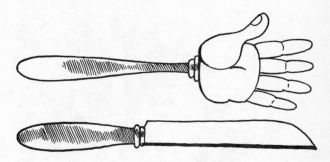

Mit viel Gefühl...

Die besten Tips für das Badezimmer

Blitzblank gescheuert

Säubern von Badewanne und Waschbecken

○ Normalerweise reicht Scheuerpulver.

○ Stark verschmutzte Wannen bekommt man wieder sauber, wenn man sich eine Paste aus Wasserstoffsuperoxyd, pulverisiertem Weinstein und etwas Wasser anrührt und mit einer Bürste fest einreibt. Hinterher sorgfältig abspülen.

○ Wenn trotzdem noch Flecken bleiben, die oben beschriebene Paste nochmals darüberstreichen und einige Tropfen Salmiakgeist aufträufeln. Zwei Stunden einziehen lassen, schrubben und gut abspülen.

○ Bei sehr alten und hartnäckigen Flecken auf Porzellan ein Stück Kernseife auf einer Raspel in einen Eimer mit heißem Wasser schnitzeln, gut umrühren, damit die Seife sich auflöst, und eine Tasse Waschbenzin dazugeben. Diese Lösung kräftig über die Flecken bürsten, einziehen lassen und abspülen.

○ Der billigste Essig ist ein gutes Mittel gegen Kalkflecken. Ein Tuch damit beträufeln und wischen.

○ Dunkle Flecken und besonders Rost bekommt man mit einer Paste aus Borax und Essig, die man sich anrührt, weg.

○ Eine vergilbte Badewanne wird wieder hell, wenn man sie mit einer Lösung aus Salz und Terpentin schrubbt.

Strahlende Kacheln

○ Bevor Sie Kacheln oder Badewanne reinigen wollen, lassen Sie die Dusche so heiß wie möglich eine Weile laufen. Der durch den Dampf gelöste Schmutz wird sich leichter abwischen lassen.

○ Will man ein »glänzendes« Badezimmer haben, reibe man Kacheln, Badewanne und Waschbecken nach dem normalen Reinigen mit Autowachs ein! Einige Minuten einwirken lassen, aber noch nicht ganz trocknen lassen, und mit einem sauberen Tuch polieren. Alles wird glänzen, und Wasserflecken lassen sich danach sehr viel leichter abwischen.

○ Wasserflecken bringt man mit einem Kratzschwamm oder einem Kunststoff-Topfschrubber von Kacheln und Sanitärgegenständen herunter. Mit flüssigem Allesreiniger tränken.

o Mattgewordene Kacheln werden wieder schön glänzend, wenn Sie diese mit Zeitungspapier oder einem Fensterleder, das in Salmiaklösung getaucht wurde, abreiben.

Sauberes Zubehör

Immer ein frisches Zahnputzglas
o Einmal in der Woche sollten Sie Ihr Zahnputzglas mit einer warmen Kochsalzlösung auswaschen. Es wird sich kein weißer Belag bilden.

Tubendeckel lösen
o Läßt sich der Deckel der Zahnpastatube nicht öffnen, halten Sie ihn kurz unter heißes, laufendes Wasser – dann geht's.

Schimmel und Stockflecken von Duschvorhängen entfernen
o Es wird kein Schimmel entstehen, wenn die Vorhänge vor dem Aufhängen in Salzwasser gelegt werden.
o Kleinere Stockflecken kann man mit Natron entfernen.
o Helle Vorhänge mit hartnäckigen Stockflecken werden in der oben beschriebenen Weise gewaschen, danach mit Zitronensaft oder Essig abgerieben.

Zwei ausgezeichnete Reiniger für Armaturen
o Um Zeit und Geld zu sparen und dennoch glänzende Armaturen zu haben, benützt man ein altes Tuch, das vorher in Petroleum getaucht worden ist. Petroleum entfernt Kalkflecken u. ä. schnell. Der unangenehme Geruch wird sich nicht lange halten.

Wenn der Wasserhahn tropft...
o Wenn's nachts zu tropfen beginnt und Sie deshalb nicht schlafen können, einfach ein Tuch um die Hahnöffnung wickeln.
o Oder: Eine Schnur an den Hahn binden, so daß sie bis zum Abfluß reicht und das Wasser geräuschlos der Schnur entlang rinnt, bis Sie Zeit haben, den Hahn abzudichten.

Toiletten-Ablagerungen

○ Durch Spülen die Kloschüssel rundum naß machen. Paste aus Borax und Zitronensaft auftragen. 2 Stunden einwirken lassen und dann sorgfältig bürsten.

○ Oder: Ringe mit feingradigem Sandpapier entfernen. Wenn die Ringe jahrealt sind, besonders widerstandsfähiges Sandpapier (Naßschleifpapier) verwenden, wie man es in Geschäften für Bastlerbedarf erhält.

○ Kochendheiße Waschlauge hineingießen, einwirken lassen, dann schrubben.

○ Für eine schnelle Reinigung werfen Sie eine Tablette Gebißreiniger in die Schüssel.

○ Oder nehmen Sie Natron.

○ Manchmal entsteht am Wasserbehälter soviel Kondensfeuchtigkeit, daß sich Wasserlachen am Boden bilden. Wenn Sie den Kasten trocken wischen und dann mit Bohnerwachs einreiben, passiert das nicht mehr.

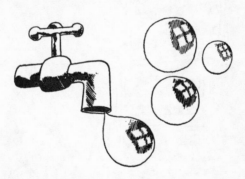

Glastüren von Duschen

○ Sie glänzen schnell, wenn man sie mit einem in Essig getränkten Schwamm einreibt.

Verstopfte Brauseköpfe

○ Metallene Brauseköpfe in Essigwasser, das aus gleichen Teilen gemischt wird, etwa 15 Minuten kochen.

○ Kunststoff-Brauseköpfe in heißes Essigwasser – wie oben – legen und über Nacht einziehen lassen.

Der Holzwurm läßt schön grüßen!

Die besten Tips zur Möbelpflege

Spiegelblank

Phantastische Möbelpolitur

o Je eine drittel Tasse Leinölfirnis, Terpentin (beides in Drogerien oder Farbengeschäften zu kaufen) und Essig abmessen, mischen und gut schütteln. Mit einem weichen Tuch auftragen und gut trockenwischen. Dann nachreiben.

o Sie können auch einen Teelöffel Apfelessig zur Verbesserung der gekauften Möbelpolitur beimischen.

Politur von Holz entfernen

o Mischen Sie Essig mit der gleichen Menge Wasser und reiben Sie mit einem weichen, nicht zu stark damit befeuchteten Tuch die Politur ab. Gleich danach mit einem anderen weichen Tuch trockenreiben.

Geschnitzte Möbel polieren

o Die Möbelpolitur wird in diesem Fall mit einer alten weichen Zahnbürste oder einem Pinsel aufgetragen.

Aus alt mach neu

Durchgesessene Stuhlsitze

o Ein durchhängender Rohrstuhlsitz wird wieder straff, wenn man ihn mit heißem Wasser begießt und anschließend in der Sonne trocknet. Wenn er ganz trocken ist, Zitronen- oder Zedernöl draufstreichen, damit das Geflecht nicht springt oder splittert.

o Durchhängende Sprungfedern: Den Sessel umdrehen und ein Schnittmuster des Rahmens auf Papier herstellen. Auf eine Hartfaser- oder Sperrholzplatte (3 bis 5 mm stark) übertragen und aussägen. Auf den Unterrahmen nageln (oder besser: schrauben). Dadurch werden die Federn in das Polster zurückgedrückt, und der Sitz hängt nicht mehr durch.

Zigaretten-Brandlöcher

o In kleine flache Brandlöcher im Holz Mayonnaise hineinreiben. Etwas einwirken lassen und mit einem weichen Tuch wegwischen.

o Brandstellen kann man auch mit einem Siegellackstift ausbessern (in allen Farben in Schreibwaren- und Bastlergeschäften erhältlich). Das Verkohlte vorsichtig abkratzen. Eine Messerspitze erhitzen und daran etwas Siegellack schmelzen, diesen in das Loch spachteln. Mit dem Fingernagel nachglätten. Wertvolle Möbel sollte man dem Fachmann übergeben.

o Mit feinem Schleifpapier läßt sich bestimmt an einer verdeckten Stelle etwas Holzmehl abschmirgeln, das Sie mit farblosem Lack (evtl. Nagellack) zu einer Paste vermischen und in das sauber geschliffene Brandloch streichen. Anschließend mit dem Fingernagel glätten.

o In Bastlergeschäften erhält man Holzpaste oder »flüssiges Holz« in verschiedenen Farbtönen zum Ausbessern.

Angeklebtes Papier von Holz entfernen

o Nicht mit dem Messer kratzen! Speiseöl tropfenweise auf das Papier geben. Einwirken lassen und mit einem weichen Tuch abreiben. Vorgang wiederholen, bis das Papier völlig weg ist.

o Alte Aufkleber sind leicht zu entfernen, wenn man sie mehrmals mit Essig einstreicht. Einwirken lassen, dann vorsichtig abreiben.

Kratzer und Flecken

Kratzer auf Holzflächen

o Immer in Richtung der Maserung arbeiten, wenn ein Kratzer ausgebessert wird.

o *Nußbaum:* Eine frische Walnuß schälen. Den Nußkern halbieren und den Kratzer mit der Bruchstelle einreiben.

o *Mahagoni:* Den Kratzer entweder mit einem dunkelbraunen Farbstift behandeln oder mit braunem Wachs auf Hochglanz polieren.

o *Rotes Mahagoni:* Gewöhnliche Jodtinktur mit einem feinen Malerpinsel aufstreichen.

o *Ahorn:* Mit einem Wattestäbchen eine Mischung aus gleichen

Teilen Jodtinktur und denaturiertem Alkohol auftragen. Trocknen lassen, wachsen, polieren.

o *Ebenholz:* Schwarze Schuhcreme, Augenbrauenstift oder schwarzen Farbstift benutzen.

o *Teakholz:* Den Kratzer sehr vorsichtig mit feinster Stahlwolle abreiben und dann mit Terpentin und Leinölfirnis zu gleichen Teilen einreiben.

o *Helles Holz:* Kratzer werden mit heller, farbloser Schuhcreme unsichtbar, jedoch nur bei glänzenden Oberflächen. Oder nehmen Sie eine halbierte Haselnuß, um den Kratzer zu beseitigen.

o *Alle kleinen Kratzer:* Jeweils mit reichlich weißer Vaseline bedecken. 24 Stunden drauflassen. Ins Holz einreiben. Rückstände entfernen und wie üblich polieren.

o *Große Kratzer:* Mit passender Wachsmalkreide ausbessern und farblosen Nagellack überstreichen.

Wasserringe und -flecken auf Holz entfernen

o Ein Tuch mit Wasser anfeuchten und Zahnpasta draufgeben. Hartnäckige Flecken brauchen zusätzlich noch etwas Natron.

o Eine Paste aus Butter oder Mayonnaise und Zigarettenasche anrühren und auf die Stelle auftragen, mit einem etwas feuchten Tuch einreiben und dann polieren.

o Auf polierten Möbeln die Ringe mit Petroleum abreiben und nachpolieren.

o Eine bewährte Methode ist es auch, Zigarren- (nicht Zigaretten-) asche mit Speiseöl zu vermischen und die hellen Flecken mit einem Flaschenkorken, der in diese Mischung getaucht wird, zu entfernen.

Flecken auf Marmor

o Salz auf eine frisch aufgeschnittene Zitrone streuen. Sehr leicht über den Fleck reiben. Nicht fest reiben, sonst geht die Politur kaputt. Mit Seife und Wasser abwaschen.

o Eine Paste aus Wasser und Natron auftragen. Einige Minuten einwirken lassen, dann warm abspülen.

o *Bei schlimmen Flecken:* Stellen Sie die Marmorplatte ins grelle Sonnenlicht. Wenn das nicht geht, mindestens eine Stunde mit einem heißen Strahler (aber keine Höhensonne) aufwärmen. Dann Bleichmittel aufstreuen. Dieses etwa jede Stunde wiederholen, bis die Verfärbung verschwunden ist. (Das dauert manchmal einige Tage.) Mit Wasser abspülen und trocknen. Platte in den Schatten bringen und mit Spezialwachs einreiben. Niemals Ölpolitur oder weiches Wachs für Marmor benutzen, da diese neue Verfärbungen verursachen können.

Kerzenwachs von Holzoberflächen beseitigen

o Das Wachs mit einem Haarfön aufweichen. Wachs mit Papiertüchern entfernen und mit Essigwasser abwaschen.

Ledertischplatten sauberhalten

o Alte Wachsschichten mit verdünntem Essigwasser (halb so viel Essig wie Wasser) abwaschen. Um Druckstellen von Lampen, Aschenbechern o. ä. zu entfernen, eine Woche lang zweimal täglich mit Zitronenöl behandeln. Danach genügt die Pflege einmal wöchentlich.

Kunststoffoberflächen

o Matt gewordene Kunststoffoberflächen bekommen mit Autowachs ihren alten Glanz wieder.

o Oder mit Zahnpasta auf Hochglanz polieren.

Glastischplatten
○ Etwas Zitronensaft einreiben. Mit Papierküchentüchern trocknen und mit Zeitungspapier glänzend reiben.
○ Mit Zahnpasta kann man kleine Kratzer wegpolieren.

Metall-, Holz- und Polstermöbel

Chrom säubern
○ Es wird streifenlos und hochglänzend durch ein mit Salmiakgeist befeuchtetes Tuch.

Rost von Stahlmöbeln entfernen
○ Kräftig mit Terpentin abbürsten.

Tips für Korbmöbel
○ Um Weidengeflecht vor dem Vergilben zu bewahren, wäscht man es mit warmem Salzwasser.
○ Austrocknen verhindert man durch gelegentliches Einreiben mit Zitronenöl.
○ Weidengeflecht braucht Feuchtigkeit, im Winter daher einen Luftbefeuchter verwenden.

Kunststoffpolster pflegen
○ Kunststoffpolster bzw. -überzüge niemals einfetten, sonst werden sie hart. Wenn das passiert sein sollte, bekommt man sie fast nicht mehr elastisch. Richtig gepflegt wird mit einem groben feuchten Tuch, auf das man Natron oder Essig gegeben hat. Danach mit einem sehr milden Geschirrspülmittel abwaschen. Da auch Sonnenöl und Cremes Kunststoff hart werden lassen, sollte man die Möbel in jedem Fall öfter reinigen.

Lederpolster
○ Mit feuchtem Tuch und Sattelfett säubern.
○ Damit Leder nicht brüchig wird, pflegt man es regelmäßig mit einer Mischung aus 1 Teil Essig und 2 Teilen Leinölfirnis.

Verschmutzte Baumwoll- und Leinenbezüge

o Die verschmutzten Stellen mit einem weichen Kunststoffradiergummi abreiben.

Gebrauchsfertige Polsterreiniger

o Polstermöbel verschmutzen nicht so schnell, wenn man sie öfter mit Essigwasser abbürstet.
o Rasiercreme ist einer der brauchbarsten Polsterreiniger.
o Stellen Sie Ihre eigene Mischung her aus einer halben Tasse mildem Waschmittel auf zwei Tassen kochendes Wasser. Abkühlen bis es geliert, dann mit einem Schneebesen zu einem steifen Reinigungsschaum schlagen.

Bambusmöbel

o Bambusmöbel reinigt man mit einem petroleumgetränkten Lappen.

Eichenmöbel

o Wenn Ihre Eichenmöbel einer Auffrischung bedürfen, erwärmen Sie etwas Bier und waschen die Möbel mit einem gewöhnlichen Lappen ab. Sofort mit einem sauberen Lappen nachtrocknen. Die Möbel sehen wieder wie neu aus.

Altes Wachs von Holztischen entfernen

○ Ein paar Tropfen Terpentin auf ein weiches Tuch geben (Terpentin weicht das Wachs auf). Den Tisch kräftig damit einreiben und mit einem anderen Tuch nachwischen.

○ Oder verwenden Sie ein Chromstahl-Reinigungsmittel. Es eignet sich erstaunlich gut dazu.

Holz auf Hochglanz bringen

○ Wie gewöhnlich mit Möbelpolitur behandeln. Dann etwas Stärkemehl draufstreuen und mit einem weichen Tuch einreiben. Der Puder saugt überschüssige Politur auf, beseitigt Fingerabdrücke und hinterläßt eine streifenlos glänzende Oberfläche. Testen Sie es mit dem Finger: Es sollten jetzt keine Spuren mehr zurückbleiben.

○ Stumpfes Holz wird wieder glänzend, wenn man es mit einer Lösung aus gleichen Teilen Rotwein und Salatöl einreibt.

Tische schonen

○ Direktes Sonnenlicht bleicht die Farbe Ihres Tisches aus. Drehen Sie ihn daher ein paarmal im Jahr, damit nicht immer dieselbe Stelle der Sonne ausgesetzt ist.

○ Ausziehtische: Die Einlagebretter ab und zu hineinlegen. Wenn man sie nur selten verwendet, ist die Farbtönung zu verschieden.

Parfüm- und Alkoholflecken

○ Eine Paste aus zerriebenem Bimsstein und Salatöl oder Leinsamenöl herstellen und mit einem weichen Tuch einreiben (in Faserrichtung).

Gartenmöbel

○ Eisenstühle werden nicht rosten, wenn Sie ein paar kleine Löcher in die Sitzfläche bohren, durch die das Regenwasser abfließen kann.

○ Kissen kann man vor Feuchtigkeit schützen, indem man sie zuerst in Plastik einnäht und erst dann in den Stoffüberzug steckt.

Perser, Berber, Auslegware

Die besten Tips zur Teppichreinigung

Flecken auf dem guten Stück

Wenn etwas verschüttet wurde

o Der erste und wichtigste Schritt, um zu vermeiden, daß aus etwas Verschüttetem ein Fleck wird, besteht darin, soviel Flüssigkeit wie möglich zu entziehen. Feste Bestandteile (z. B. Scherben) beseitigen und dann mit sauberen Handtüchern die Feuchtigkeit aufsaugen. Von den Rändern zum Zentrum des Fleckens arbeiten. Nicht reiben, denn das würde die Verfärbung nur vergrößern. Und benutzen Sie keinen Fleckenentferner, bevor der Teppich trocken ist.

Weg mit den Flecken!

o *Frische Flecken:* Reines Mineralwasser ist ein schnell wirkender Fleckenentferner und funktioniert prima. Etwas auf den Flecken schütten, einige Sekunden einwirken lassen und sorgfältig mit einem Schwamm aufnehmen.

o *Ältere Flecken:* Mischen Sie 2 Eßlöffel Waschmittel, 3 Eßlöffel Essig mit einem Liter warmen Wassers. Den Fleck damit einreiben und dann so gut wie möglich auftrocknen.

o *Waschmittel hilft am besten gegen hartnäckige Flecken:* Eine Lösung aus Waschmittel und warmem Wasser herstellen. Die Seifenlauge längs und quer mit einer weichen Bürste auf den Flecken reiben. Gut abtrocknen. Wenn der Flecken bleibt, nochmals alles von vorne. Es funktioniert in 97 % der Fälle.

Flecken weg im Nu

o Versuchen Sie's mit Rasiercreme. Der Schaum ist ein guter Fleckenentferner und im Nu zubereitet. Mit Wasser auswaschen.

Einen Brandfleck ausbessern

o Mit der Rasierklinge oder einer Pinzette einige Fasern aus dem Teppich ziehen. Die Fasern über das Brandloch legen. Alleskleber über die Stelle geben und die Fasern hineindrükken. Ein Papier-Küchentuch und ein schweres Buch daraufliegen. Dadurch trocknet der Leim langsam, und das Brandloch ist verschwunden.

Druckstellen beseitigen

o Wenn schwere Möbel den Flor Ihres Teppichs niederge-
drückt haben, können Sie dies durch Dämpfen ausbessern.
Reichlich Dampf erzeugen und das Bügeleisen nicht direkt
auf den Teppich, sondern auf ein feuchtes Tuch stellen.
Rasch die Fasern aufbürsten.

Wachsflecken entfernen

o Lösch- oder anderes saugfähiges Papier (Toilettenpapier)
über und wenn möglich auch unter den Fleck legen und dar-
überbügeln (Temperatur Wolle/Seide). Nach kurzer Zeit ist
das Wachs aufgesaugt. Eventuell wiederholen. Den Rest mit
Fleckenwasser bearbeiten.

Geflochtene Naturfaser-Teppiche (Kokos, Maisstroh etc.) reparieren

o Geflochtene Teppiche lösen sich an den Nahtstellen oft auf.
Statt sie zu nähen, kann man zum Reparieren klaren Klebstoff verwenden. Das geht schneller und leichter.

Teppiche aufhellen

o Großzügig Salz über den Teppich streuen. Etwa eine Stunde
einwirken lassen, dann absaugen.
o Lauwarmes Essigwasser mit einem Schwamm auf den Teppich auftragen und gut einreiben. Trocknen lassen. Die Farben leuchten wieder. (Wasser und Essig im Verhältnis 10 : 1
mischen.)

Kein Rost beim Schamponieren

o Wenn der Teppich feucht gereinigt wird, vorher Stahlmöbel
auf Plastikunterlagen stellen, um Rost zu vermeiden.

Schmutzaufsauger

o Auf feuchte Schmutzflecken Salz streuen. Das Salz mindestens 15 Minuten den Schmutz aufziehen lassen, dann alles
wegsaugen.

Gegensätze ziehen sich an

o Wollten Sie schon einmal ein Genie sein? Dann entfernen Sie das nächste Mal Rotweinflecken auf Ihrem Teppich mit Weißwein.

o Die vorher beschriebene Salzkur funktioniert auch!

Kaugummi entfernen

o Pressen Sie Eiswürfel auf den Kaugummi, bis er brüchig wird und wegzubrechen ist. Dann mit Fleckenwasser verbliebene Spuren beseitigen.

Alleskleber

o Flecken von Alleskleber werden von Nagellackentferner gelöst.

Kugelschreiberflecken

o Den Fleck mit Haarspray einsprühen, trocknen lassen. Leicht mit verdünntem Essig ausbürsten.

Aufgebogene Teppichkanten begradigen

o Gerollte Kanten und umgebogene Ecken an Zimmerteppichen sind unansehnlich und gefährlich. Man befeuchtet die Ecken und bestreicht sie auf der linken Seite mit gewöhnlichem Tischlerleim. Nach dem Trocknen bleibt der Teppich dann flach liegen.

Teppichfransen

o Damit die Fransen nicht vom Staubsauger erfaßt werden und ausreißen, bürsten Sie sie vor dem Saugen unter den Teppich.

Spiegelglattes Glanzparkett

Die besten Tips für Fußböden

Kratzer im Parkett

Ein gutes Putzmittel

o Versiegelte Fußböden und Holzteile aller Art können mit kaltem Tee behandelt werden.

Keine verkratzten Böden mehr

o Beim Möbelrücken alte dicke Socken über die Möbelfüße ziehen.

o Oder: Teppichreste unter die Möbelfüße kleben.

Ein schnelles Boden-Make-up

o Unversiegelte Holzfußböden, die helle Flecken bekommen haben, renoviert man mit brauner Schuhcreme, die dem Bohnerwachs beigemengt wird. Auf die Flecken aufgetragen, gibt das dem Boden ein rustikales Aussehen.

Knarrende Dielen zum Schweigen bringen

o Talkpuder in die Ritzen streuen.

Kratzer entfernen

o Kratzer mit sehr feiner, in Bohnerwachs getauchter Stahlwolle beseitigen.

Sorgenlos im Schaukelstuhl

o Ihr Schaukelstuhl wird eingewachste Böden nicht verkratzen, wenn Sie die Kufen mit Leinen-Klebeband versehen.

Absatzspuren entfernen

o Mit Petroleum oder Terpentin wegwischen.

o Versuchen Sie's mit einem einfachen Radiergummi.

Teerflecken beseitigen

o Benutzen Sie Bohnerwachs. Das geht auch bei Schuhen.

Linoleum und Kunststoffböden

Wenn Sie wenig Zeit haben

o Wischen Sie Ihren Kunststoffboden ab und zu mit einer Mischung aus einer halben Tasse Weichspüler auf einen halben Eimer kaltes Wasser auf. Sie brauches ihn dann weniger zu bohnern, und er wird trotzdem glänzen.

Buntstift oder Malkreiden entfernen

o Von Kunststoff- oder Linoleumböden mit Silberpolitur entfernen.

Linoleum reinigen

o Nehmen Sie nur mildes Seifenwasser oder Terpentinersatz zum Säubern. Mit klarem Wasser, dem man flüssiges Bohnerwachs beigegeben hat, nachwischen.

o Tintenflecken mit Zitronensaft beträufeln. Einige Minuten einwirken lassen, dann abwischen.

Flüssiges Bohnerwachs

o trocknet schneller, wenn man einen Tischventilator in eine Ecke des Zimmers auf den Boden stellt und einschaltet.

Kunststoffböden reparieren

o Wenn sich einzelne Fliesen lösen oder werfen, ein Stück Alufolie drauflegen. Ein paarmal mit dem heißen Bügeleisen drüberbügeln, damit der Klebstoff weich wird. Anschließend die Fliesen mit Büchern beschweren und trocknen lassen.

o Mit derselben Methode kann man auch Fliesen vom Boden lösen.

o Bei Löchern in Kunststoffböden: Nehmen Sie Ersatzfliesen (in der gleichen Farbe) und zermahlen Sie sie in einem Mixer. Das Pulver mit farblosem Klebstoff vermischen und das Loch damit ausfüllen. Trocknen lassen und mit Sandpapier glatt schleifen.

o Wenn Sie keine Ersatzfliesen haben, verwenden Sie eine Mischung aus einem fein zerhackten Korken und Schellack, um das Loch zu stopfen. Die Stelle muß dann aber nach dem

Schleifen noch übermalt werden. Versuchen Sie möglichst dieselbe Farbe zu bekommen, wie die des Bodens.

Linoleumränder wieder kleben
○ Wenn sich das Linoleum an den Fugen gelöst hat, wird Fußbodenkleber mit einem stumpfen Messer oder Spachtel unter die gelöste Kante gestrichen. Mit schweren Büchern belasten und 24 Stunden trocknen lassen.

Mit Staubtuch und Besen

Kehrichtschaufel
○ Vor Gebrauch mit Möbelpolitur auf Hochglanz bringen. Der Staub bleibt dann nicht an der Schaufel kleben.

Besenpflege
○ Neue Besen: Die Borsten werden wieder fest, wenn man sie in heißes Salzwasser taucht.
○ Alte Besen kann man wieder in Form bringen, indem man die Borsten mit einem langen Gummiband zusammenhält.
○ Besen im Putzschrank nicht hinstellen, sondern an einen Haken hängen.

o Schneiden Sie einen Finger von einem alten Gummihand-schuh ab und stülpen Sie ihn über den Besenstiel. Der Besen wird dann nicht umfallen, wenn Sie ihn beim Fegen zwischen-durch gegen die Wand lehnen.

Bohnerbesen oder Bürsten der Bohnermaschine reinigen

o Wenn sich an den Borsten Ihres Poliergerätes Wachs ange-sammelt hat, legen Sie mehrere Lagen saugfähiger Haus-haltspapiertücher über die Borsten und bügeln mit einem warmen Eisen darüber. Das alte Wachs wird von den Papier-tüchern rasch aufgesaugt.

Staubwischen

o Nehmen Sie einen Spielzeug-Staubwedel, um an schlecht zu erreichende Stellen, wie z. B. über der Tür, zwischen Heiz-körperrippen oder auf Paneelen Staub zu wischen.

o Oder befestigen Sie mit einem Gummiband einen alten Sok-ken an einem Meterstab bzw. Zollstock, um Spinnweben von der Decke herunterzuholen.

o Ein etwa 10 cm breiter Malerpinsel eignet sich gut dazu, die Falten am Lampenschirm oder auch die Fensterbänke abzu-stauben.

o Sprühen Sie etwas Möbelpolitur auf die Besenhaare, dann lassen sich Schmutz und Staub besser zusammenfegen.

o Wischen Sie die Jalousetten oder vertikale Sonnenblenden mit einem mit etwas Weichspülmittel angefeuchteten Tuch ab, damit sie nicht statisch aufgeladen werden und somit den Staub anziehen. Der gleiche Tip gilt für die Fernsehröhre.

Staubsaugen

o Reiben Sie die Verbindungteile der Verlängerungsrohre mit Vaseline oder Haushaltsöl ein, dann lassen sie sich leichter auseinanderdrehen.

o Wenn sich die Schnur immer wieder von alleine zurückspult, ohne daß Sie das möchten, so klemmen Sie in der gewünsch-ten Länge eine Wäscheklammer auf die Schnur.

Bilderrahmen – Bügeleisen
Lockenwickler – Fensterglas
Ölgemälde – Alleskleber...

Die besten Tips für verschiedene Reinigungsprobleme

Brillen

o Brillengläser werden streifenlos sauber, wenn man pro Glas einen Tropfen Essig oder Wodka verwendet.
o Mit Spülmittel reinigen.

Bügeleisen

o Ablagerungen aus einem Dampfbügeleisen entfernt man, indem man es zu gleichen Teilen mit Wasser und Essig füllt. Einige Minuten dampfen lassen, abschalten, eine Stunde ziehen lassen. Entleeren und mit klarem Wasser ausspülen.
o Um Ablagerungen zu vermeiden, destilliertes Wasser einfüllen.
o Brand- und andere braune Flecken durch Reiben mit einer heißen Salz/Essig-Lösung entfernen.
o Wachs beseitigt man mit sehr feinem Schleifpapier.
o Die Außenseite mit Zahnpasta oder Metallpolitur säubern.

Tauchsieder entkalken

o Über Nacht in kaltes Essigwasser stellen oder
o in einem kräftigen Essig-Salz-Wasser auskochen.

Fernseher

o Den Bildschirm des Fernsehers bekommen Sie wieder klar, wenn Sie ihn mit einem Auto-Klarsichttuch behandeln.
o Wischen Sie den Bildschirm mit einem weichen Lappen, auf den Sie Spiritus geträufelt haben, ab. Mit einem sauberen Tuch nachpolieren.

Heizkörper, Radiatoren

o Ein feuchtes Tuch hinter den Heizkörper hängen, dann den Staubsauger als Blasebalg benutzen. Staub und Schmutz werden auf das feuchte Tuch geblasen.

Kerzen

o Mit einem in Spiritus getauchten Baumwolltuch abreiben.
o Wußten Sie schon? Kerzen brennen langsamer, gleichmäßi-

ger und tropfen kaum, wenn sie vorher einige Stunden im Gefrierfach lagen.

o Kerzen drückt man leichter in den Leuchter, wenn man das untere Ende eine Minute in heißes Wasser hält.

o Kerzen tropfen nicht, wenn man sie vor Gebrauch in kaltes Salzwasser eintaucht.

Kerzenleuchter

o Wenn die Kerzenleuchter mit Wachs überzogen sind, legen Sie sie etwa eine Stunde ins Gefrierfach. Das Wachs wird kinderleicht abgehen, ohne daß das Silber verkratzt wird.

o Oder unter sehr heißes Wasser halten und mit einem Papiertuch abreiben.

Klaviertasten

o Zahnpasta auf ein gut feuchtes Tuch geben. Die Tasten damit gut einreiben, trocken wischen und mit einem weichen, trockenen Tuch polieren.

Kugelschreiber

o Wenn Ihr Kugelschreiber durch auslaufende Tinte und Fusseln verschmutzt ist, stecken Sie ihn in einen Zigarettenfilter. Ein paar Mal schnell drehen, und er ist wieder zu benutzen.

Zigarettenrauch

o Ein feuchtes Handtuch als Ventilator benutzen und damit durch den Raum wirbeln. Der Rauch wird schnell verschwinden.

o Stellen Sie vier Schüsseln mit Essig in die Ecken des Zimmers, in dem sich Raucher versammeln.

o Oder verteilen Sie kleine Teller mit Aktivkohle im Raum, um abgestandene Party-Luft zu verbessern.

Zinngerät

o Eine der besten Putzmöglichkeiten: Mit Kohlblättern abreiben (im Winter).

o Mit Zinnkraut abreiben (im Sommer).

o Oder versuchen Sie es mit einer selbstgemachten Paste aus Holzasche und Wasser.

Gestrichene Türen und Fensterbretter

◉ Weißlackierte Fensterbretter und Türen sollten nicht zu oft abgewaschen werden, da sie dann immer empfindlicher werden. Tragen Sie eine dünne Schicht Bohnerwachs auf, die eine Schutzschicht bildet und von der sich Flecken in Zukunft leicht abreiben lassen.

Rund ums Fenster

Alles klar zum Fensterputzen

o Putzen Sie die Fenster niemals bei Sonnenschein. Sie würden zu schnell trocknen und Streifen aufweisen.

o Verwenden Sie niemals Seife.

o Ein perfektes Putzwasser erhält man durch Zugabe von einer halben Tasse Salmiakgeist, ebensoviel Essig sowie von zwei Eßlöffeln Stärke auf einen Eimer warmen Wassers.

o Wenn's schnell gehen soll, putzen Sie mit einem in Essig eingeweichten Tuch. Das eignet sich vor allem dann, wenn man lediglich einige Innenscheiben putzt.

o Verwenden Sie Zeitungspapier statt Papiertücher zum Nachpolieren. Das ist billiger und einfacher.

o Um leichter zu erkennen, auf welcher Scheibenfläche sich noch Streifen befinden, putzen Sie die eine Fläche waagerecht die andere Seite senkrecht. So läßt sich ganz schnell herausfinden, wo noch Putzstreifen nachzupolieren sind.

o Milchglasfenster nur mit heißem Essigwasser abwaschen und sorgfältig trockenreiben.

Jalousetten

o Zum Reinigen nimmt man einen Gummiteigschaber mit einem darumgewickelten, in Spiritus getauchten Tuch. Damit kommt man gut zwischen die einzelnen Lamellen.

o Um die Elemente Ihrer Jalousie aufzuhellen, wischen Sie einfach mit einem feuchten Schwamm weiße Schuhcreme drauf.

Vorhänge gleiten besser

o Vorhangstangen nach dem Putzen mit Bohnerwachs einreiben. Auch neuen Stangen tut das gut.

o Eingebaute, U-förmige Vorhangschienen können mit einem in Bohnerwachs getauchten Gleiter, der einige Male hin und her geschoben wird, gängig gemacht werden.

Scheiben undurchsichtig machen

o Möchte man Glasscheiben an Türen undurchsichtig machen, löst man ein halbes Pfund Salz in einem Viertelliter Weißbier auf und bestreicht die Scheibe. Diese Methode hat den Vorteil, daß man den Belag abwaschen kann, wenn die Scheibe wieder durchsichtig werden soll.

Blinde Scheiben – glasklar

o Blinde Fensterscheiben reibt man mit einem in Öl getränkten Wollappen ab und poliert mit Löschpapier nach.

Hartes Fensterleder

o Das harte Leder in warmem Wasser mit einem Löffel Schmierseife (grüne Seife) weich machen.

o Durch einfaches Kneten bekommt man es oft wieder weich.

Mit Adam fing das Waschen an

Die besten Tips für die Wäschepflege

Vorbereitungen zur großen Wäsche

Zusatzmaßnahmen vor dem Waschen

o Flecken jeder Art lassen sich leicht und schonend mit weißer Schmierseife entfernen. Vor dem Waschen des Wäschestückes die Flecken etwas anfeuchten, mit Schmierseife bestreichen und einige Zeit einwirken lassen. Die Flecken lassen sich dann leicht herauswaschen.

o Oder einzelne Flecken mit Geschirrspülmittel (für die Spülmaschine) entfernen. Die Stelle naß machen. Das Pulver draufstreuen und mit einer alten Zahnbürste vorsichtig schrubben. Dann spülen.

o Damit Nylon nicht vergilbt, weicht man es vor dem Waschen in einer Mischung aus ½ Tasse Backpulver auf eine Schüssel warmes Wasser ein.

o Kleider und Röcke mit langen Bändern: Befestigen Sie die Bänder mit Sicherheitsnadeln am Kleidungsstück. So können Sie die Sachen beruhigt in die Waschmaschine tun.

Weißwäsche

o Weichen Sie Weißwäsche über Nacht in einer Mischung aus 4 Litern heißem Wasser, ½ Tasse Geschirrspülmittel (für die Spülmaschine) und ½ Tasse Bleichmittel ein. Die Mittel gut im Wasser auflösen. Am nächsten Morgen Wäsche und Lösung in die Waschmaschine geben und normal waschen. Dem Spülwasser ½ Tasse Essig beifügen. Bei Nylon oder synthetischen Stoffen das Wasser zum Einweichen etwas abkühlen lassen, da durch zu heißes Wasser leicht Falten entstehen.

o Auch vergilbtes Polyester wird wieder weiß, wenn man es über Nacht in einer Mischung aus 4 Litern Wasser und einer Tasse Geschirrspülmittel (für die Spülmaschine) einweicht. Am nächsten Morgen in der Waschmaschine wie gewöhnlich waschen. Das Resultat ist verblüffend.

Einweich-Eimer

o Halten Sie einen großen Eimer mit Deckel, den Sie mit einer Vorwaschlösung füllen, in der Waschküche bereit. Sammeln

Sie darin die stark verschmutzte Wäsche, bis Sie eine ganze
Waschmaschinenfüllung beisammen haben.

Denk an den Fleck!
o Ein Knoten im Hosenbein oder Ärmel wird Sie daran erinnern, daß da ein Fleck besondere Behandlung erfordert.

Waschen mit Verstand

Zeit und Mühe sparen
o Wenn Ihre Waschmaschine im Keller steht, stellen Sie bei jeder Wäsche die Küchen-Backuhr auf die Zeit des Waschpro-
gramms ein. Sie werden dann nicht mehr unnötig hinunterge-
hen, wenn die Wäsche immer noch nicht fertig ist.

Reißverschlüsse
o Sie sollten vor dem Waschen geschlossen werden, damit sie
hinterher wieder genau so leicht auf- und zuzumachen sind.

Der letzte Spülgang

o Ein billiges Mittel für weiche und wohlriechende Wäsche: Geben Sie immer eine Tasse Essig zum letzten Spülgang in die Waschmaschine.

o Bei Handwäsche ist Essig besonders wichtig. Er neutralisiert die Seife, so daß Sie nur zweimal spülen müssen, er frischt außerdem die Farben auf.

o Ein Teelöffel Bittersalz auf 4 Liter Spülwasser verhindert Ausbleichen oder Verfärben der Wäsche.

o Wenn man Pullover und Trainingsanzüge mit der Hand wäscht, erzielt man beste Ergebnisse mit einem Eßlöffel Haarspülmittel im letzten Spülwasser (wenn kein Weichspüler zur Hand ist).

o Oder: Spülen Sie Wollpullover in lauwarmem Wasser mit einigen Teelöffeln Glyzerin. Das hält sie weich, und sie kratzen nicht beim Tragen.

Wolle – versehentlich falsch gewaschen

o In lauwarmem Wasser einweichen, dem ein gutes Haarshampoo zugegeben worden ist. Manchmal macht dies die Wollfasern genügend weich, um die ursprüngliche Form wieder herzustellen. Der Versuch lohnt sich.

Feinwäsche waschen

o Die Feinwäsche in einen Kissenbezug stecken und diesen mit einer Plastikklammer o. ä. verschließen. In die Waschmaschine geben und im Schongang waschen.

Zuviel Schaum

o Wenn Ihre Waschmaschine überschäumt, streuen Sie etwas Salz auf den Schaum.

Keine Fussel mehr

o Von Kordsamt entfernt man Fussel durch Waschen und sehr langsames Trocknen. Während die Kleidungsstücke noch feucht sind, mit einer Kleiderbürste ausbürsten. Alle Fussel werden verschwinden. Aber merke, die Kleidung muß noch feucht sein!

o Nicki-Pullis immer links waschen, dann nehmen sie keine Fussel an.
o Das Fussel-Problem bleibt aus, wenn Sie eine Tasse Essig in den letzten Spülgang geben.
o Geben Sie ein Stück Nylongewebe in den Wäschetrockner als Fusselfänger für die nasse Wäsche.
o Sehr empfindliche oder fusselige und flauschige Wäsche zum Waschen in einen alten Kissenbezug stecken.

Das Flusensieb reinigen
o Halten Sie dazu einen dieser netzartigen Topfreiniger bereit. Wenn der Flusenfang dann gereinigt werden muß, ist das mit einem kurzen Wischer erledigt.

Gardinen
o Durch eine Handvoll Speisesalz in der Seifenlauge werden vergilbte Stores wieder weiß.
o Synthetik-Gardinen in der Waschmaschine werden wieder strahlend weiß, wenn Sie 2 Päckchen Backpulver in den letzten Waschpulvergang geben.

Wenn Kleider beim Waschen ausfärben
o Das betreffende Kleidungsstück eine Stunde lang in Essig-Salz-Wasser einweichen (½ Tasse Essig und 1 Eßlöffel Salz auf 2 Liter Wasser). Dann spülen. Die Prozedur so oft wiederholen, bis das Spülwasser klar bleibt.

Unterwäsche
o Vergilbte weiße Unterwäsche kann man mit heißem, starken Tee färben. Wenn der Farbton etwas dunkler ist als gewünscht, herausnehmen und solange spülen, bis das Wasser klar bleibt.
o Spitzenunterwäsche geht beim Waschen nicht kaputt, wenn man sie in einen Topf mit warmem, milden Seifenwasser gibt und schüttelt.

Pullover richtig gewaschen und getrocknet

Angora-Pullover

o Wenn Ihr Angora-Pullover zu viele Fusseln verliert, tun Sie ihn ein paar Minuten in einem Plastiksack ins Tiefkühlfach, bevor Sie ihn anziehen.

Woll-Pullover

o Woll-Pullover, die an den Ärmeln und am Bund ausgeleiert sind: Die betreffenden Stellen in heißes Wasser tauchen und mit dem heißen Fön trocknen. Dadurch ziehen sich die ausgeleierten Teile wieder zusammen.

o Woll-Pullover, die man von Hand wäscht, in lauwarmem Wasser spülen. Etwas Essig ins letzte Spülwasser geben. Dann bleiben keine Waschmittelrückstände in der Wolle.

o Eine lose Masche kann mit einem Nadel-Einfädler nach hinten gezogen werden. Wenn der Faden lang genug ist, auf der Rückseite verknoten, damit sich die Masche nicht gleich wieder löst.

o Wenn man Knopflöcher an Strickwesten vor dem Waschen mit überwendlichen Stichen zunäht, können sie sich nicht ausweiten.

Schnelles Pullovertrocknen

o Spannen Sie im Winter eine Hängematte in der Waschküche auf, und trocknen Sie darauf die Pullover oder andere wollene Handwäsche. Die weiten Maschen der Hängematte lassen die Luft weit besser zirkulieren als eine feste Unterlage.

o Oder legen Sie den gewaschenen Pulli auf einem Handtuch oben auf den Trockner, während andere Wäsche darin getrocknet wird. Die aufsteigende Wärme läßt den Pullover schneller trocknen.

Kalte Wäsche

o Damit keine Seifenrückstände an der Wäsche bleiben, lösen Sie das Seifenpulver oder die Seifenflocken vorher in einem Gefäß mit heißem Wasser auf, bevor Sie es in das kalte Waschwasser geben.

Flecken entfernen

Wußten Sie schon?

o Die Grundsubstanz vieler handelsüblicher Fleckenwasser besteht aus 2 Teilen Wasser auf 1 Teil Spiritus, und das läßt sich leicht selber herstellen.

o Bei Flecken auf Geweben aus Polyester: Schmierseife verwenden.

o Die meisten Flecken lassen sich auch mit Zahnpasta entfernen. Die Zahnpasta mit einer alten Zahnbürste einreiben.

Kerzenwachs oder Wachsmalkreiden

o Die befleckten Stellen zwischen saubere Papiertücher oder Toilettenpapier legen und mit warmem Eisen bügeln.

o Wenn Flecken von *rotem* Wachs trotz vorherigem Abbügeln nicht bei der Wäsche herausgehen, kann man sie mit Waschbenzin entfernen.

Obstflecken

o Flecken bei kochbarem Gewebe (Baumwolle/Leinen) aus etwa 1 Meter Höhe mit kochendem Wasser übergießen.

o Andere, nicht kochbare Gewebe beträufelt man mit Zitronensaft oder Essigessenz und wäscht sie lauwarm mit Seife nach.

Kugelschreiberflecken

o Wenn kein Spezialentferner zur Hand ist, nehmen Sie Haarspray. Reichlich aufsprühen. Mit sauberem trockenem Tuch reiben, und normalerweise werden die Flecken weg sein. Besonders gut funktioniert das auf Polyestergewebe.

o Oder vor dem Waschen mit Alkohol oder Essig ausreiben.

Rostflecken

o Rost kann von Weißwäsche entfernt werden, wenn man die Flecken mit Weinsteinpulver bedeckt, dann die Enden des Stücks zusammenlegt, so daß das Pulver auf dem Fleck bleibt. Das Stück mit dem Fleck etwa 5 Minuten in heißes Wasser tauchen. Danach normal waschen.

- Oder die Rostflecken mit Zitronensaft tränken (Zitrone wirkt wie Bleichmittel). Dann über Dampf halten (einen Topf mit kochendem Wasser), und anschließend das Kleidungsstück wie gewöhnlich waschen.
- Oder reiben Sie den Fleck mit Fluor-Zahnpasta ein.
- Oder die Flecken mit dem Saft einer reifen Tomate abwaschen. In der Sonne trocknen lassen. Dann in Seifenwasser waschen. Es klingt verrückt, aber der Versuch lohnt sich.

Schweißflecken
- Wäschestücke in warmem Essigwasser einweichen. Dann normal waschen.

Versengtes
- Auf Weißwäsche: Mit einem in Wasserstoffsuperoxyd eingeweichten Baumwolltuch einreiben. Verwenden Sie die 3 %-Lösung, die als mildes Desinfektionsmittel verkauft wird.
- Buntes, farbechtes Leinen und Baumwolle: Ein Tuch mit Wasserstoffsuperoxyd tränken, das Tuch auf die versengte Stelle legen und mit einem warmen Eisen bügeln.

Schuhcremeflecken
- Mit Spiritus entfernen. Bei farbigem Gewebe 1 Teil Spiritus auf 2 Teile Wasser nehmen, bei weißem unverdünnt.

Teer
- Den Teerfleck mit Petroleum entfernen, dann mit Waschmittel auswaschen. Die meisten Stoffe werden durch Petroleum nicht entfärbt – aber das probieren Sie besser erst aus.

Beim Reinigen mit Benzin ist zu beachten
- Achten Sie darauf, daß Sie mit kreisenden Bewegungen von außen nach innen reiben. Nur so entsteht kein Rand.
- Öffnen Sie das Fenster bei dieser Arbeit.

Fettflecken auf Strickwaren
- Sprudelndes Mineralwasser wirkt Wunder beim Entfernen von Fett aus gestrickten Wollgeweben.

Festgewordene Flecken

o Bei älteren Flecken weichen Sie das Kleidungsstück ca. eine Stunde in Essigessenz ein. Den Schmutz abreiben oder abbürsten. Dann wie gewöhnlich waschen.

Tee- und Kaffeeflecken

o Die Stelle über eine Schüssel halten und kochendes Wasser darübergießen. Den Fleck dann mit Glyzerin einreiben, und das Kleidungsstück in klarem Wasser spülen.

Farbloser Klebstoff

o Aceton mit einem Schwamm auftragen. Es löst hartgewordenen Klebstoff. Das Kleidungsstück anschließend in warmem Seifenwasser waschen.

Blutflecken

o Verwenden Sie 3-prozentiges Wasserstoffsuperoxyd (es wird als mildes Desinfektionsmittel verkauft). Keine stärkere Lösung verwenden, da das Gewebe sonst angegriffen wird. Bunte Sachen sollten vor der Behandlung auf ihre Farbechtheit geprüft werden.

o Den Flecken mit Natron bestreuen. Tropfenweise kaltes Wasser dazugeben, zu einer Paste kneten. 15 bis 30 Minuten einwirken lassen, mit einem Schwamm abwischen.

o Abtupfen mit lauwarmem Wasser, dem Salmiakgeist zugesetzt wurde.

Verschiedenes

Arbeitskleidung, so sauber wie noch nie

o Geben Sie eine halbe Tasse Salmiakgeist zum Waschwasser.

Wasserdichte Regenmäntel

o Die gewaschenen Regenmäntel, Anoraks, Handschuhe oder auch Rucksäcke leicht abtrocknen lassen und dann in eine Lösung aus 9 Teilen Wasser und 1 Teil essigsaure Tonerde legen. Zwei Stunden liegen lassen und dann, ohne nochmaliges Spülen, naß aufhängen.

Rund um den Kragen

○ Einen kleinen Malerpinsel nehmen und mit diesem ein Haarwaschmittel auf die schmutzigen Hemdkragen streichen, bevor sie in die Maschine kommen. Haarwaschmittel löst Körperfette.

Bei vergilbten Kragen

○ Kräftig mit Kreide einreiben. Kreide absorbiert die Fette, danach geht der Schmutz leicht weg. Diese Behandlung muß mehrmals wiederholt werden, wenn der Kragen schon sehr vergilbt ist.

○ Oder tragen Sie eine Paste aus Essig und Natron auf. Einreiben und wie üblich waschen. Diese Methode beseitigt auch Schmutz und Stockflecken.

Die Waschmaschine reinigen

○ Die Maschine mit warmem Wasser füllen und rund 4 Liter Essig hineingießen. Ein ganzes Waschprogramm durchlaufen lassen. Der Essig reinigt die Schläuche von Kalkablagerungen und Seifenrückständen.

Der letzte Spülgang

○ Geben Sie etwas Badesalz in den letzten Spülgang. Die Wäsche wird dadurch frischer duften.

○ Duschvorhänge und Baby-Plastik-Höschen werden nicht hart, wenn man etwas Glyzerin ins Spülwasser gibt.

Jeans

○ Neue Jeans bleichen nicht aus, wenn Sie sie vor dem Waschen ca. eine Stunde lang in kaltes Salzwasser legen (1 Eßlöffel auf 2 Liter Wasser). Dann im Kaltwaschgang waschen.

○ Und immer mit der Innenseite nach außen waschen. Die Farbe geht dann weniger aus.

○ Ausgebleichte Jeans kann man auffrischen, indem man sie zusammen mit neuen Jeans wäscht. Mit der Farbe, die aus den neuen Jeans herausgeht, werden die alten nachgefärbt.

Das Waschen der Wäscheleine

o Zu diesem Zweck stecken Sie die zusammengerollte Leine in einen Kopfkissenbezug, binden diesen mit einem Band zu und waschen das Ganze in der Maschine.

Viele gute Aufhänger

o Tisch- und Bettdecken: Um Knicke und Falten zu vermeiden, ziehen Sie Papprollen – von Papierhandtüchern – über die Wäscheleine und hängen darüber die großen Tücher bzw. Decken. Die Rollen müssen aber mit Klarsichtfolie überzogen sein, sonst macht die Pappe Flecken.

o Waschbare Teppiche: Hängen Sie diese mit der Rückseite nach außen über die Leine, so daß der Flor bzw. die Schlingen aneinander reiben und sich dabei wieder aufrichten können.

o Bettücher: Hängen Sie große Bettücher über zwei parallele Leinen. Sie trocknen dann schneller, flattern weniger, und auch das Gewebe wird weniger strapaziert.

o Hauchdünne Vorhänge und Stores: Wenn Sie sie an einem windigen Tag draußen aufhängen, beschweren Sie den unteren Saum mit Wäscheklammern.

... oder in den Trockner

Weiche Wäsche im Trockner

o Schütten Sie einige Becher eines beliebigen Weichspülers in eine kleine Schüssel mit Wasser und legen Sie einen Waschlappen hinein. Auswringen und zusammen mit der nassen Wäsche in den Trockner geben. So einfach ist das. Und billig ist es außerdem.

Federkissen auffrischen

o Wäschetrockner ohne Heizung einschalten und die Kissen 15 Minuten durchwirbeln lassen. Aber aufpassen, daß keine Löcher im Inlett sind, durch die die Federn durchkommen können.

Schnelles Trocknen von Handwäsche

o Werfen Sie ein sauberes, trockenes Badetuch mit Ihrer nassen Handwäsche in den Trockner. Das Handtuch nimmt die Feuchtigkeit auf, und der Trockenvorgang geht schneller.

Falten entfernen

o Bei bügelfreiem Gewebe: Geben Sie die Kleidungsstücke zusammen mit einem nassen Handtuch 10 Minuten lang in den Trockner, und die Falten sind weg.

Wenn neues Chenille stark fusselt

o Tagesdecken, Vorhänge oder Bettvorleger aus Chenille werden für 5 bis 10 Minuten in trockenem Zustand ohne Hitze in den Trockner gegeben.

Bügeln leichter gemacht

Wäsche schnell bügelfeucht bekommen

o Wäsche mit zwei ordentlich nassen Badetüchern in den Wäschetrockner geben und diesen ohne Hitze einschalten. Wäsche wirbeln lassen, bis sie die gewünschte Feuchtigkeit hat.

o Mit warmem Wasser wird die Wäsche gleichmäßiger eingefeuchtet. Es geht auch schneller.

o Wenn Sie mit Ihrer feuchten Bügelwäsche nicht fertig werden, stecken Sie sie in die Tiefkühltruhe, bis Sie wieder Zeit haben.

Wohlgeruch beim Bügeln

o Gießen Sie etwas Haselnußessenz in Ihr Dampfbügeleisen. Die Kleider werden nach dem Bügeln angenehm und frisch riechen.

o Es geht auch mit ein paar Tropfen von Ihrem Lieblingsparfüm.

Keine Bügelfalten in den Ärmeln
o Rollen Sie eine dicke Zeitschrift zusammen. Wickeln Sie ein Tuch darum und stecken Sie sie in den Ärmel. Die Zeitschrift wird sich ganz von selbst der Form des Ärmels anpassen und ein Ärmelbrett ersetzen.

Faltenröcke bügeln
o Die Falten während des Bügelns mit Büroklammern festmachen.
o Wenn Sie vermeiden wollen, daß die unteren Falten beim Bügeln durchdrücken, legen Sie lange Streifen Packpapier zwischen jede Falte.

Stickereien bügeln
o Die Stickerei – Rückseite nach oben – auf ein Frottierhandtuch legen, dann bügeln. All die kleinen Zwischenräume der Stickerei werden glatt.

So halten Strumpfhosen länger

Strumpfhosen
o Ein Schuß Weichspüler im letzten Spülwasser macht Ihre Strumpfhosen weich und frisch.
o Strumpfhosen erhalten ihre ursprüngliche Form wieder, wenn man sie in warmem Essigwasser spült (drei Eßlöffel Essig ins Wasser geben).
o Wenn Sie Strumpfhosen nach dem Waschen gleich wieder anziehen wollen, hängen Sie sie an die Handtuchstange, und trocknen Sie sie mit dem Fön.
o Tun Sie Ihre Strumpfhosen oder Nylon-Kniestrümpfe zum Aufbewahren in je ein kleines Plastiksäckchen. Sie werden das richtige Paar schneller finden und beim Suchen nicht an einer Masche hängenbleiben.

Kleider machen Leute

Die besten Pflegetips für Schuhe, Kleider, Pelz und Schmuck

Glänzende Schuhe

Doppelt hält besser

o Verwenden Sie zum Schuheputzen flüssige und feste Schuhcreme. Die flüssige Schuhcreme zuerst auftragen. Damit verschwinden die Kratzer. Trocknen lassen. Die Schuhe anschließend mit der festen Schuhcreme wie gewöhnlich putzen und auf Hochglanz bringen. Es lohnt sich, der Unterschied ist unübersehbar.

Tips zum Schuheputzen

o Ausgetrocknete Schuhcreme wird wieder weich, wenn man die Dose in heißes Wasser stellt.

o Fleckige Lederschuhe werden wieder wie neu, wenn sie mit einer halbierten Zwiebel abgerieben werden. Mit einem weichen Lappen nachpolieren.

o Fensterputzsprühmittel oder Möbelpolitur geben allen Lederschuhen schönen Glanz.

o Weiße Schuhcreme wird sich leicht auftragen lassen, wenn Sie vorher die Schuhe mit Spiritus oder rohen Kartoffelstücken abreiben.

o Weiße Schuhcreme wird sich nicht verwischen, wenn Sie nach vollständigem Trocknen die Schuhe mit Haarspray übersprühen.

o Wenn Ihre Schuhbürste unansehnlich wird, legen Sie sie in eine Mischung aus warmem Seifenwasser und ein paar Teelöffel Terpentin. Eine halbe Stunde einweichen. Dann spülen und trocknen lassen.

Wenn man's eilig hat

o Etwas Handcreme auf die Schuhe tupfen, einreiben und kräftig nachpolieren.

Kratzer und Streifen auf Schuhen

o Weiße Schuhe lassen sich mit flüssigem Korrekturlack für die Schreibmaschine ausbessern (in jeder Papierwarenhandlung erhältlich).

o Nagellackentferner eignet sich bestens, um Teer- und

Schmierflecke von weißen Schuhen zu entfernen. Nicht für Plastik!

o Leichte Schmutzstreifen auf hellen Lederschuhen lassen sich meistens mit einem weichen Radiergummi entfernen.

o Auf Silber- und Goldschuhen die Kratzer mit weißer Zahnpasta behandeln. Mit einer Zahnbürste einreiben.

Lackschuhe

o Lackschuhe behalten ihren Glanz, wenn Sie das gereinigte Leder mit einer halben Zwiebel abreiben.

o Ihre Lackschuhe bringen Sie durch Einreiben mit etwas Vaseline auf Hochglanz.

Stiefel

o Ein improvisierter Stiefelspanner: Binden Sie zwei bis drei leere Haushaltspapierrollen zusammen und stecken Sie sie in Ihre Stiefel.

o Es geht auch mit leeren Flaschen oder mit zusammengerollten Zeitungen oder Zeitschriften.

o Oder hängen Sie die Stiefel an einen Bügel mit Klammern.

Tennis-Schuhe

o Einen Topfschrubber in Seifenwasser tauchen und die Tennisschuhe damit abreiben.

o Wenn die Schuhe trocken sind, stopfen Sie die Spitzen mit Papiertüchern aus. Mit einem Lappen auf die Schuhspitze unverdünnte, flüssige Wäschestärke auftragen. Die Tennisschuhe werden so länger ihre Form behalten.

o Neue Segeltuch- oder mit Stoff versehene Schuhe mit einem Imprägnierungsmittel einsprühen, damit sie lange wie neu aussehen.

o Segeltuch- und ähnliche Schuhe säubert man mit einer Zahnbürste, die man in Teppichshampoo getaucht hat.

Wildleder-Schuhe

o Schmutzstreifen und Regenflecken lassen sich mit ganz feinem Sandpapier entfernen.

- Wildlederschuhe bleiben wie neu, wenn Sie sie nach dem Tragen regelmäßig mit einem trockenen Schwamm abreiben.
- Man kann sie auch über Dampf auffrischen: Die Schuhe zuerst mit einer Wildleder-Bürste oder einem trockenen Schwamm reinigen. Dann über einen Topf mit kochendem Wasser halten. Dadurch richtet sich der Flor wieder auf. Anschließend mit einer weichen Bürste immer in die gleiche Richtung bürsten und gut trocknen lassen.

Neue Schuhe
- Behandeln Sie die Sohlen mit Sandpapier, und Sie werden nicht ausrutschen.
- Oder die Sohlen vor dem ersten Ausgang auf dem Gehsteig abreiben.

Regennasse Schuhe
- Wenn sie noch naß sind, mit Sattelfett einreiben. Dann mit Zeitungspapier ausstopfen. Das Sattelfett mindestens 24 Stunden einwirken lassen. Und denken Sie daran: Schuhe nie in der Nähe der Heizung trocknen lassen, sie werden sonst hart.

o Weiße Ränder an Lederschuhen (vom Salz) mit destilliertem Wasser abwaschen.

o Oder mit einer Lösung aus gleichen Teilen Essig und Wasser.

o Oder durch Abreiben mit Petroleum

o Ein Paar Schuhe trocknet man schnell und praktisch, wenn man sie mit den Absätzen an den Sprossen eines Stuhls aufhängt. Die Schuhe sind dann nicht im Weg und dennoch rundum der Luftzirkulation ausgesetzt.

Knarrende Schuhe

o Das unangenehme Knarren bei neuen Schuhen verschwindet, wenn man die Schuhsohlen und ihre Ränder mit warmem Leinöl einreibt. Am besten wiederholt man dieses Vorgehen mehrmals. Die Sohlen werden dadurch auch haltbarer.

Wenn der Schuh drückt

o Man tränkt einen Wattebausch in Spiritus und reibt die betreffende Stelle (auf der Innenseite des Schuhs!) damit ein. Beide Schuhe sofort anziehen und damit herumgehen. Wiederholen Sie das so oft, bis Sie sich in den Schuhen wohl fühlen.

Preiswerte Einlegesohlen

o Nicht mehr getragene Filzhüte kann man zu Einlegesohlen zurechtschneiden.

Eingetrocknete Schuhcreme

o Sie wird wieder geschmeidig und gebrauchsfähig, wenn Sie einige Tropfen Milch oder Terpentinöl dazugeben.

Leder-Pflege

Lederkleider reinigen

o Bei Tintenflecken Backpulver auf den Fleck reiben. Das Backpulver verfärbt sich dabei, weil es die Tinte aufsaugt. Die Prozedur so oft wiederholen, bis der Fleck weg ist.

o Fettcreme oder billige Handcreme eignet sich gut, um glatte

131

Ledersachen zu reinigen, außerdem macht sie das Leder wieder weich. Die Creme mit den Fingern auftragen und mit einem trockenen Tuch nachreiben.

o Kleben Sie nie selbstklebende Etiketten oder Namensschilder auf Lederkleider.

Wildleder

o Wildleder reinigt man, indem man es vorsichtig in kreisenden Bewegungen mit einem trockenen Schwamm abreibt. Stärkemehl mit einem sauberen Tuch auf Flecken tupfen. Das Mehl dann mit einer Drahtbürste wegbürsten. Wenn nötig, wiederholen.

o Hirsch- oder Elchleder (Lederhosen bei Kindern) werden in lauwarmem Wasser mit Feinwaschmittel gewaschen. Das Leder anschließend in einer Richtung bürsten und dann im Badezimmer trocknen.

Der warme Pelz

Pelzmäntel

o Verfilzte Stellen an Pelzmänteln werden, mit einer Hunde-Drahtbürste abgebürstet, wieder flauschig.

o Wenn Ihr Pelzmantel naß geworden ist, schütteln Sie ihn aus und hängen ihn an einem gut durchlüfteten Platz zum Trocknen auf. Aber nicht in der Nähe der Heizung!

o Pelze müssen atmen. Man soll sie daher nicht mit Plastik schützen. Auch nicht zwischen andere Kleider in den Schrank quetschen.

o Verwenden Sie angenehm riechendes Mottenpapier anstelle von Mottenkugeln. Der Geruch von Mottenkugeln ist aus Pelzmänteln kaum wieder rauszukriegen.

Dekorativer Schmuck

Aufhänge-Ideen

o Hängen Sie lange Ketten einzeln an einem kleinen Holzbrett auf. Mit Reißnägeln oder Tapeziernägeln befestigen.

○ Oder hängen Sie sie an einen Krawattenhalter, den Sie auf der Innenseite der Schranktüre anbringen.
○ Es geht auch mit Haken, die man an die Innenseite der Schranktüre oder an eine freie Wand im Schrank schraubt.

Ketten entknoten
○ Sehr feine Ketten ein paar Minuten zwischen den Händen hin- und herreiben, bevor man versucht, den Knoten zu lösen.
○ Wenn man etwas Talkpulver auf den Knoten streut, ist er leichter zu öffnen.
○ Oder tropfen Sie etwas Speiseöl auf ein Stück Pergamentpapier, legen den Knoten in das Öl und entwirren ihn mit zwei Stopfnadeln. So läßt er sich leicht aufknöpfen.

Edelsteine reinigen
○ Diamanten, Rubine und Saphire: Eine Mischung aus 1 Tasse Wasser, ¼ Tasse Salmiakgeist und 1 Eßlöffel Geschirrspülmittel herstellen. Die Steine mit einer alten Zahnbürste vorsichtig abschrubben. Verwenden Sie dieses Mittel aber nur bei harten Edelsteinen und nicht für Halbedelsteine oder poröse Steine, wie z. B. Opale, Perlen oder Korallen.
○ Oder mit einer weichen Zahnbürste und einem milden Shampoo reinigen.

Goldschmuck reinigen
○ Den Schmuck in einer Mischung aus zwei Teilen warmem Wasser und einem Teil Salmiakgeist einweichen. 10 bis 15 Minuten ziehen lassen. Dann mit einer weichen Bürste reinigen und unter warmem Wasser abspülen.
○ Sind goldene Gegenstände durch langes Liegenlassen matt geworden, so reiben Sie sie mit Zwiebelsaft ein und lassen sie 1–2 Stunden so liegen; hierauf mit weichem Lappen polieren.

Perlen reinigen
○ Einzelne Perlen an Ringen oder Krawattennadeln weicht man in mildem Seifenwasser ein. (Nie Salmiakgeist verwen-

den!) Anschließend in klarem Wasser spülen und mit einem Flanelltuch trocknen.

o Perlenketten nicht einweichen. Tauchen Sie ein weiches Tuch in Seifenwasser, und reiben Sie die Perlen vorsichtig damit ab.

o Damit Perlen nicht matt werden, reibt man sie vorsichtig mit etwas Olivenöl ein. Mit einem sauberen Fensterleder nachreiben.

Silberschmuck

o Reinigen Sie Silberschmuck mit Backpulver. Das Pulver mit einem Tuch einreiben, abspülen und mit dem Handtuch abtrocknen.

o Oder ein weiches Tuch in Asche tauchen (wenn Sie keinen Kamin haben, geht auch Zigarettenasche) und den Schmuck damit abreiben.

o Silberschmuck, der nicht oft getragen wird, wird sich nicht verfärben, wenn man ihn in Alufolie fest einwickelt.

Filigran-, Gold- oder Silberschmuck

o Kukident-Brausetablette auflösen und den Schmuck einen halben Tag in die Flüssigkeit legen.

Der letzte Schliff

o Schmuck wird noch sauberer, wenn man ihn nach der Reinigung mit dem Mundspül-jet abspritzt. Gewöhnliches Leitungswasser verwenden. Durch den Druck wird auch noch der letzte Schmutz in den Spalten gelöst. Schließen Sie zur Sicherheit aber den Abfluß im Waschbecken. Es könnte eine Fassung locker sein und sich ein Stein lösen, der dann im Abfluß verschwindet.

Einfacher Schmuck

o Manche Schmuckstücke aus unedlen Metallen hinterlassen auf Haut und Kleidung dunkle, häßliche Flecke. Wenn Sie die Rückseite des Schmuckstückes mit farblosem Lack – auch farblosem Nagellack – einpinseln, dann ist diesem Übel abgeholfen.

o Auch wenn Sie von einem Ring oder Ohrring einen Ausschlag bekommen, hilft farbloser Nagellack. Den Lack überall dort auftragen, wo der Schmuck mit der Haut in Berührung kommt. Ohrringe mit Spiritus reinigen, bevor man sie mit Nagellack behandelt.

Wenn ein Ring am Finger feststeckt

o Der Finger wird abschwellen, wenn Sie Ihre Hand in eiskaltes Seifenwasser legen.

o Oder etwas Handcreme einreiben, damit der Ring besser gleitet.

o Es geht auch mit Geschirrspülmittel.

o Oder man hält die Hand für ein paar Minuten nach oben, damit das Blut herunterläuft und der Finger abschwillt.

Vorsicht ist die Mutter der Porzellankiste

o Broschen: Schneiden Sie ein kleines Stück von einem breiten Gummiband ab. Stecken Sie die Brosche durch den Stoff und anschließend auch noch durch das Gummiband. So werden Sie die Brosche, falls sie aufgeht, nicht so leicht verlieren.

o Bei Anhängern an Armbändern: Zur Sicherheit einen Tropfen farblosen Klebstoff auf die Nahtstelle des Anhängers geben.

Besonders praktische Tips

Haltbarere Strumpfhosen

o Eine neue Strumpfhose sollte erst einmal eingefroren werden, bevor sie getragen wird. Nicht lachen, sie wird länger halten, wenn man sie gut naß macht, vorsichtig auswringt, in eine Plastiktüte legt und im Gefrierfach tiefkühlt. Gefroren taut man sie in der Badewanne auf und hängt sie auf zum Trocknen. Das ist ein ganz verrückter Trick, aber er funktioniert.

o Oder ganz, ganz wenig stärken. Es gibt dann weniger leicht Laufmaschen.

Eine Laufmasche stoppen

o Haarspray draufgeben oder mit nasser Seife reiben. Natürlich hilft auch immer noch farbloser Nagellack.

Falten beseitigen

o Verknitterte Kleidung an die Vorhangstange im Badezimmer hängen und die Dusche mit ganz heißem Wasser eine Weile laufen lassen. Badezimmertür schließen. Der Dampf dringt in den Stoff, und die Falten verschwinden. Diesen Tip sollte man sich vor allem für die Reise merken.

Gegen anhaftende Kleider

o Unterwäsche stärken, dann kleben Röcke und Kleider aus Kunstfasern nicht so leicht an.

Aufgerautes glätten

o Entfernen Sie alle kleinen Fusselbällchen, die an Mischgewebe bei Hemdkragen und Manschetten entstehen, durch Drüberrasieren.

Klemmende Reißverschlüsse

o Sie werden leicht gleiten, wenn sie mit einem Bleistift eingerieben werden.

o Oder ganz leicht einfetten.

Saumfalten beseitigen

o Essig hilft, eine Dauerfalte zu beseitigen. Den Stoff gut mit Essig vollsaugen lassen, dann mit einem warmen Eisen ausbügeln.

o Versuchen Sie diesen Trick beim Verlängern alter Jeans: Die hellen Linien vom Saum werden verschwinden, wenn Sie wischfeste Tinte mit Wasser mischen (Wasser zugeben, bis der Ton stimmt) und dann mit einer kleinen Bürste auftragen. Trocknen lassen, und der Strich ist verschwunden.

Skihosen – schnell selbst gemacht

o Verwandeln Sie normale Jeans in Skihosen, indem Sie sie mit wasserabstoßender Imprägnierflüssigkeit besprühen.

Aufräumen und Einmotten

Platz schaffen

○ Schaffen Sie mehr Platz im Schrank, indem Sie einen Handtuchhalter auf der Innenseite der Schranktüre anbringen.

○ Oder Blusen und Hemden an Querstangen aufhängen, die man etwas weiter unten im Schrank einspannt.

○ Klemmen Sie große Haken (wie für Duschvorhänge) an die Kleiderstange. Sie können daran Handtaschen und Gürtel aufhängen.

○ Wenn Sie mehr Platz im Schrank haben als in den Schubladen, verstauen Sie Pullover in den Taschen eines großen Schuhsacks, den Sie im Schrank aufhängen.

○ Aus den Schubladen einer alten Kommode kann man »unsichtbare« Schubladen machen, indem man an den vier Ecken Laufrollen anschraubt und die Schublade unter ein Bett rollt.

Schrank-Geheimnisse

○ Legen Sie Schubladen mit hübschem Stoff aus anstelle von Papier. Messen Sie die Schublade aus, und schneiden Sie den Stoff zu (einen kleinen Saum nicht vergessen). Den Stoff mit Teppich-Klebeband befestigen.

o Trägerkleider fallen nicht vom Bügel, wenn man um beide Enden des Bügels ein starkes Gummiband wickelt.

o Legen Sie anstelle von Duftkissen eine leere Parfumflasche in Ihre Wäscheschublade. Es ist billiger und der Effekt derselbe.

o Wußten Sie, daß Seife länger hält, wenn man sie ausgepackt trocknen läßt, bevor man sie verwendet? Legen Sie sie dazu am besten in Ihre Wäscheschublade, dann wird Ihre Wäsche gleich auch noch gut duften.

Einmotten

o Kleider, die Sie selten tragen, sollten Sie in einem Mottensack mit Reißverschluß aufbewahren. Vorher reinigen. Wenn man so viel Luft wie möglich aus dem Sack herauspreßt, sind die Kleider vor Ungeziefer geschützt.

o Alte Leintücher eignen sich gut, um Pelz- und Ledermäntel abzudecken, weil sie luftdurchlässig sind.

o Taschen aus Leder oder Wildleder sollte man nicht mit Plastik schützen. Wickeln Sie sie in alte Kopfkissenbezüge.

Ausmotten

o Um den Mottengeruch aus den Kleidern herauszukriegen, tut man sie einzeln je 10 Minuten in den Trockner. Den Trockner ohne Heizung anstellen.

o Oder hängen Sie sie draußen auf. Wenn es sehr windig ist, jedes Kleidungsstück auf zwei Bügel hängen, deren Haken in entgegengesetzte Richtungen zeigen. Die Bügel fallen dann nicht herunter. Damit die Sachen auch sicher auf den Bügeln bleiben, machen Sie sie mit Wäscheklammern fest.

o Wenn Sie Ihre Winter- oder Sommergarderobe hervorholen, hängen Sie die Kleidung an die Vorhangstange Ihres Badezimmers und schützen Sie sie mit sauberen Plastikhüllen aus der Reinigung, während Sie die Dusche ein paar Minuten sehr heiß laufen lassen. Durch den Dampf werden die meisten Falten verschwinden.

Das tapfere Schneiderlein

Die besten Tips fürs Nähen

Nadel und Faden

Nadel einfädeln
o Etwas Haar- oder Stärkespray beim Nadeleinfädeln auf die Finger sprühen und damit den Faden benetzen. Der Faden wird dann gerade steif genug, um leichter durch die Öse zu kommen.

Probleme beim Einfädeln
o Halten Sie ein Stück Pappe hinter die Nähmaschinennadel, dann sehen Sie das Nadelöhr besser.

Eine Nähmaschinennadel schärfen
o Einfach durch ein Stück Schmirgelpapier stechen.

Wie man leichter dicken Stoff nähen kann
o Die Nahtstelle mit einem harten Seifenriegel einreiben. Die Maschinennadel wird dann mit Leichtigkeit durch den Stoff gehen.

Nähsachen aufbewahren
o Benutzen Sie eine leere Thermometerhülle, um darin extra lange und feine Nadeln aufzubewahren, die sonst im Näh-kästchen schlecht unterzubringen sind.
o Benützen Sie Tablettenschachteln oder -büchsen, um darin besonders kleine Knöpfe aufzubewahren.

Nadeln und Sicherheitsnadeln überall verstreut

o Sicherheitsnadeln kann man zu mehreren auf einem Pfeifenreiniger aufreihen. Dann den Pfeifenreiniger zu einem Kreis formen und zusammendrehen.

o Legen Sie einen kleinen Magneten in Ihren Nähkorb, um darauf Nadeln und Stecknadeln zu deponieren, die sonst so leicht während des Nähens auf den Boden fallen.

Knöpfe und Reißverschluß

Knöpfe

o Hier ist ein Tip, wie Knöpfe mit vier Löchern länger halten. Nähen Sie jeweils nur durch zwei Löcher, Faden für jedes Lochpaar einzeln abschneiden und verknoten. Auf diese Weise hält der Knopf immer noch, wenn sich einer der Fäden löst.

o Wenn es schwierig ist, einen Knopf vom Kleidungsstück zu entfernen, fahren Sie mit einem Kamm unter den Knopf und schneiden ihn mit einer Rasierklinge ab.

Druckknöpfe annähen

o Nähen Sie erst einen Teil an. Dann fahren Sie mit einem Stück Kreide über die erhabenen Teile des Knopfes, legen das Gegenstück des Stoffes exakt darauf und reiben mit dem Finger darüber. Damit ist genau der Punkt markiert, auf dem Sie das Gegenstück des Knopfes annähen müssen.

Lose Knöpfe

o Wenn man keine Zeit hat, einen losen Knopf sofort anzunähen, tupft man etwas farblosen Nagellack vorne und hinten auf den Faden.

o Oder kleben Sie die Fäden mit durchsichtigem Klebeband zusammen. Auch so wird der Knopf noch eine Weile halten.

o Wenn Sie die Knöpfe von ausgetragenen Kleidern abnehmen, nähen Sie sie alle zusammen, bevor Sie sie zu den anderen Knöpfen legen. Dann wissen Sie immer gleich, wie viele Sie von einer Sorte haben.

o Oder man sortiert alle Knöpfe nach Größe oder nach Farbe und bewahrt sie in den Fächern von Eierkartons auf. Auch so wird man den richtigen Knopf leichter finden.

Knopflöcher machen

o Schneiden Sie vorher verschieden große Knopflöcher in einen Stoffrest, und probieren Sie mit dem Knopf, welche Größe am besten paßt, bevor Sie das definitive Knopfloch schneiden.

o Beim Aufschneiden des Knopflochs beide Enden mit einer Stecknadel markieren. So schneidet man nicht zu weit.

o Häßliche Stellen am Rand des Knopflochs übermalt man mit einem Wäschestift in derselben Farbe des Stoffes.

o Bei Kinderkleidern: Schneiden Sie die Knopflöcher waagrecht. Die Knöpfe gehen dann beim Spielen nicht so leicht auf.

Reißverschlüsse

o Kaputte Reißverschlüsse: Wenn die Zacken am unteren Ende nicht mehr schließen, näht man die Stelle einfach ab und macht den Reißverschluß etwas kürzer, vorausgesetzt, Sie haben genügend Spielraum.

o Reißverschlüsse an Hosen, die immer wieder aufgehen: Oben einen kleinen Knopf annähen, und am Zug des Reißverschlusses eine Schlinge aus einem starken Faden befestigen. So kann man die Schlinge über den Knopf ziehen, wenn man den Reißverschluß zugemacht hat.

Näh-Tricks

Ausgeleierte Gummis

o Wenn ein angenähtes Gummiband ausgeleiert ist, ziehen Sie einfach mit einer Stopfnadel eine Hutgummischnur durch. Zusammenziehen und verknoten.

Gummi in Hosen einziehen

o Neuen Gummi an den alten anheften, den alten herausziehen, und der neue ist gleich drin.

Rund um den Saum

o Wenn man bei Blue-Jeans den Saum herausläßt, kann man die weißen Randlinien mit einem passenden Blaustift übermalen. Dann mit einem Tuch auf mittlerer Hitze bügeln.

o Stecken Sie einen Saum mit Haarklips fest, anstatt Stecknadeln zu benützen oder ihn vorzunähen.

o Beim Kleiderfärben immer etwas weißen Faden an die Kleider heften und mitfärben. Man kann ihn nachher zum Flicken verwenden oder um den Saum zu nähen.

o Bewahren Sie ein paar Nadeln mit den wichtigsten Fadenfarben in der Nähe der Waschmaschine auf. Wenn Sie einen losen Saum oder einen kleinen Riß entdecken, können Sie ihn vor dem Waschen gleich reparieren.

o Die Stecknadeln immer senkrecht zum Saum anstecken, nie parallel dazu. So braucht man sie beim Nähen mit der Maschine nicht herauszunehmen.

Kleider säumen leicht gemacht

o Eine Gummi-Saugglocke ist ein brauchbares Instrument, um einen Rock zum Säumen zu markieren. Stellen Sie die Glocke mit dem Gummipfropfen auf den Boden, markieren Sie den Stiel für die gewünschte Rocklänge und gehen dann damit rund um den Rock. Da die Glocke von selbst steht, haben Sie beide Hände frei zum Markieren mit Schneiderkreide oder Stecknadeln.

Vorhänge kürzen

o Den Saum oben machen anstatt am unteren Ende. Ungenauigkeiten sind dann nicht so offensichtlich.

Ein längeres Leben

o Die Spielhosen von Kindern halten länger, wenn man das Hinterteil und die Knie innen mit aufbügelbaren Flecken verstärkt. Die Hosen dazu umdrehen.

Zwei Tricks fürs Stopfen

o Bei Fingerhandschuhen benutzen Sie Glasmurmeln als Stopfei.

o Bei Maschinenflickerei unterlegen Sie die brüchige Stelle mit Papier, das sich bei der nächsten Wäsche herauswäscht.

Wenn die Nähmaschine geölt wurde
o Nähen Sie einige Male nach dem Ölen durch ein Löschpapier, damit noch evtl. vorhandenes Öl Ihren Stoff nicht beschädigt.

Nadelkissen für die Nähmaschine
o Legen Sie unter Ihre Maschine eine Schaumstoffplatte oder ein flaches Stuhlkissen, das seitlich etwa 10 cm heraussteht, dann können sie erstens Ihre Nadeln dort hineinstecken, und das Nähen verursacht außerdem weniger Geräusch.

Machen Sie sich's leicht
o Gleichmäßig starkgemusterte Stoffe und solche in dunklen Farben sind leichter zu verarbeiten, als helle Stoffe, bei denen man jeden Fehler gleich sieht.
o Für ungeübte Näherinnen ist zu empfehlen, das Erstlingswerk mit einem sehr preiswerten Stoff – möglichst mit einem griffigen Baumwoll- oder Wollstoff – zu beginnen. Wenn der Versuch nicht voll befriedigt, kann man leicht etwas anderes daraus fertigen, und es reut einen nicht so sehr, als wenn man einen teuren Stoff verpfuscht hätte.

Bevor Sie zuschneiden
o Vergewissern Sie sich vor dem Zuschneiden, daß auch alle Teile bei einem Stoff mit »Strich« (z. B. bei Cord, Samt und manchen Wollstoffen) in der richtigen, gleichen Richtung liegen. Auch daß das Muster richtig zusammenpaßt.

Vorsicht! Tisch!
o Legen Sie ein Plastiktuch auf den Zuschneidetisch, um ihn vor Kratzern mit der Schere zu schützen. Außerdem gleitet die Schere besser auf dem Kunststoff, und das Schneiden geht dadurch leichter.

Vorn und hinten nicht verwechseln
o Wenn Sie die Vorderteile mit einer glatten, das Rückenteil

aber mit einer gezackten Schere schneiden, können Sie die Teile beim Zusammennähen nicht verwechseln.

Wie Schnittmuster länger halten
o Neue Schnittmuster mit Imprägniermittel einsprühen. Sie werden länger halten, weniger leicht reißen oder verknittern.

Keine Zeitverschwendung
o Markieren Sie den Saum mit Schneiderkreide und befestigen ihn dann mit Haarklips! Sie brauchen nicht zu stecken oder zu heften, und es bleiben keine Löcher im Stoff.

Ordnungstip
o Wenn man mit seiner Näharbeit nicht fertig wird, hängt man die zugeschnittenen Teile auf einen Drahtkleiderbügel mit Querstange und hängt die Zutaten (Knöpfe, Garn, Reißverschluß) in einer Plastiktüte dazu. So hat man alles sauber beisammen im Schrank.

Weniger Wirrwarr mit doppeltem Faden
o Machen Sie in jedes Fadenende einen Knoten!
o Oder ziehen Sie den Faden über ein mit Weichmacher getränktes Tuch.

Spule aufwickeln
o Markieren Sie den Faden mit einer Kontrastfarbe (Filz- oder Farbstift), nachdem Sie ihn einige Meter als Unterfaden für die Nähmaschine aufgespult haben. Sie wissen dann genau, wann der Faden zu Ende ist: nämlich dann, wenn dieses Zeichen wieder erscheint.

Immer die richtige Nähgarnfarbe
o Halten Sie einige Spulen farbloses Nylongarn bereit, denn das paßt immer.
o Sollte das Genähte später kochbar und zu bügeln sein, lassen Sie vom Nylongarn aber lieber die Finger weg. Der Faden schmilzt beim Bügeln und hinterläßt nur kratzige Reste.

Flotteres Nähen

o Ziehen Sie den Faden über ein Stück Wachs, z. B. einen Kerzenstummel, dann läuft er leichter beim Nähen per Hand und ist außerdem noch haltbarer.

Durch Reparieren wie neu

Kinderkleider verlängern

o Ist ein Lieblingskleid zu kurz geworden, verlängern Sie den Saum mit einer breiten Zackenlitze.
o Oder setzen Sie breite kontrastierende Streifen dazwischen.
o Oder setzen Sie einen passenden Volant gekräuselt oder in Falten an den zu kurzen Rock.

Säumiges

o Den Saum eines sehr glatten, rutschigen oder sehr feinen Stoffes nähen Sie am besten so, daß Sie nach wenigen Stichen jeweils einen Knoten machen. Zerreißt der Faden, dann haben Sie nur das kurze Stück zwischen den Knoten wieder zu befestigen.

Bügelflicken auf Jeans

o Bügeln Sie auf die Innenseite der nagelneuen Jeans schon gleich am Anfang Flicken auf die Knie, dann tragen sie sich nicht so schnell auf.
o Benutzen Sie Plätzchenformen zum Vorzeichnen, wenn Sie aufbügelbaren Flicken eine lustige Form geben wollen, und schneiden Sie nach diesen Vorlagen aus.
o Abgewetzte, alte Bügelflicken bringen Sie durch heißes Überbügeln wieder herunter. Der Flicken läßt sich dann leicht abziehen.

Jeans flicken

o Die noch heilen Teile von abgetragenen Jeans aufbewahren, dann haben Sie immer passende Flicken zur Hand. Die noch guten alten Hosenbeine eignen sich bestens zum Verlängern von zu kurz gewordenen Jeans.

Schönheit muß (manchmal) leiden

Die besten Tips für die Schönheitspflege

Gepflegte Hände

Rauhe Hände

o ½ Teelöffel Zucker auf die Handfläche streuen und Baby-Öl darüberschütten. Ein paar Minuten kräftig einreiben. Anschließend die Hände mit Seife waschen. Die Haut wird seidenweich sein.

Schönheit im Schlaf

o Reines Glycerin ist durch keine Hautcreme zu ersetzen. Wenn Sie die Hände jeden Abend vor dem Schlafengehen damit einreiben, bleiben sie immer zart.

o Glycerin und Handcreme wirken besser, wenn man die Hände vorher in warmes Wasser taucht. Die Poren werden dadurch geöffnet, und die Haut nimmt die Creme besser auf.

Maniküre

o Mischen Sie eine Tasse warmes Wasser mit dem Saft einer halben Zitrone. Fingerspitzen 5 Minuten eintauchen. Abspülen und trockenschütteln, Nagelhaut zurückschieben. Zitronenschale kräftig über die Nägel reiben. Mit einem weichen Tuch nachpolieren.

Bei schwachen und brüchigen Fingernägeln

o Ob Sie's glauben oder nicht: Gelatine festigt die Nägel. Trinken Sie täglich ein Glas Wasser, in dem Sie 3–4 Eßlöffel Gelatine-Pulver ohne Geschmack auflösen. Nach 4 Wochen werden Sie stärkere Nägel haben.

o Brüchige Fingernägel werden wieder fest, wenn sie jeden Abend mit Glycerin eingerieben werden.

Improvisierte Nagelfeilen

o Verwenden Sie die Anzündefläche einer Zündholzschachtel, wenn Sie keine Nagelfeile zur Hand haben.

o Bei Nagelfeilen aus Pappe, die am Rand abgenutzt sind: Auf jeder Seite ca. 3 mm vom Rand abschneiden und mit dem inneren Teil weiterfeilen.

Schnelles Trocknen von Nagellack

o Nagellack trocknet schneller, wenn Sie die Hände mit dem teilweise angetrockneten Lack in eine Schüssel mit sehr kaltem Wasser halten.

o Oder stecken Sie Ihre Hände kurz ins Gefrierfach.

Damit die Nagellackflasche nicht verklebt

o Geben Sie etwas Vaseline in den Deckel und auf das Gewinde einer neuen Nagellackflasche. Es gibt dann selbst nach Monaten noch keine Probleme beim Öffnen der Flasche.

Sie werden Nagellack niemals mehr wegschmeißen müssen

o Ihr Nagellack wird immer glatt und leicht aufzutragen sein, wenn Sie ihn im Kühlschrank aufbewahren. Auch gefrorener Nagellack zersetzt sich nicht.

o Wenn der Lack jedoch bereits gummiartig oder hart geworden ist, stellen Sie die Flasche in einen Topf mit heißem Wasser. Im Nu wird der Lack so gut wie neu sein.

Schönes Haar

Haarpflege

o Mayonnaise eignet sich gut zur Pflege von trockenem Haar. Geben Sie eine halbe Tasse Mayonnaise in das trockene, ungewaschene Haar. Mit einer Plastiktüte bedecken und 15 Minuten einwirken lassen. Einige Male durchspülen, bevor mit einer sorgfältigen Haarwäsche begonnen wird.

Schuppen-Probleme

o Tafelsalz vor dem Waschen auf das trockene Haar streuen und das Salz in die Kopfhaut einmassieren.

Ein Rezept gegen fettiges Haar

o 1 Liter Wasser mit 4 Teelöffeln Pfefferminzblättern zum Kochen bringen. Abkühlen lassen und als Pflegespülung nach der Haarwäsche verwenden.

Wenn die Creme-Spülung ausgegangen ist

o Mischen Sie etwas Weichspüler in einem Glas mit warmem Wasser, und versuchen Sie's damit. Es entwirrt das Haar und macht es weich.

Dem Haar Glanz verleihen

o Blonde spülen das Haar mit Wasser nach, dem einige Teelöffel Zitronensaft zugesetzt wurden. Brünette und Rothaarige spülen mit Wasser, das mehrere Teelöffel Apfelessig enthält. Beides wird den Seifenfilm entfernen und dem Haar wunderschönen Glanz verleihen.

o Brünette und Rothaarige können das Haar im letzten Durchgang auch mit Kaffee oder Tee spülen. Sie werden sich wundern, wie voll und glänzend Ihr Haar erscheinen wird.

o Sie möchten einen rötlichen Schimmer im Haar? Dann kochen Sie eine Handvoll Lorbeerblätter etwa 20 Minuten in einem Liter Wasser, abkühlen lassen und das Haar einige Male damit spülen. Die Haare bekommen einen schönen, warmen roten Ton.

Graue Haare

o Geben Sie bei der letzten Spülung etwas Waschblau ins Wasser. Graue Haare werden dann nicht gelblich.

Den gewünschten Ton beibehalten

o Es klingt verrückt, aber wenn Sie Ihr Haar in einem helleren Farbton gefärbt haben, besteht die Möglichkeit, daß es grün wird, z. B. wenn Sie in einem Schwimmbad mit Chlorwasser schwimmen. Das kann man verhindern, indem man sechs Aspirin-Tabletten in einem großen Glas mit warmem Wasser auflöst und die Lösung ins nasse Haar reibt. Das Grün verschwindet dadurch auch.

o Oder man reibt das Haar mit Tomatensaft ein.

Die Haare fliegen

o Wenn die Haare zu sehr fliegen, zum Spülen etwas Weichspüler verwenden, und es wird zu bändigen sein.

Selbstgemachtes Trockenshampoo

o Wenn eine normale Haarwäsche unmöglich ist, machen Sie sich Ihr eigenes Trockenshampoo, indem Sie 1 Teelöffel Salz und eine halbe Tasse Maismehl zusammenmischen. In einen Salzstreuer mit großen Löchern füllen, leicht über fettiges Haar streuen und den Schmutz herausbürsten.

o Babypuder oder Stärkemehl eignen sich auch als Trockenshampoo.

Eine perfekte Schnellfrisur

o Anstelle elektrischer Lockenwickler rollen Sie das völlig trockene Haar auf normale Wickler auf und bedecken es dann mit einem warmen, feuchten Tuch. Einige Minuten drauflassen. Das Haar trocknen lassen, und Sie haben Ihre perfekte Schnellfrisur.

Bei Dauerwellen

o Einen »Afro-look« frischen Sie auf durch Besprühen mit einem Wasserzerstäuber, wie man ihn für Zimmerpflanzen benutzt.

Wie schützt man seine Frisur beim Ankleiden?

o Ein Seidentuch eng um die Frisur legen, alle 4 Ecken in den Mund nehmen. Nun können sie den engsten Rollkragenpullover überziehen, ohne auch die komplizierteste Frisur zu zerstören (den Mannequins abgeguckt).

Hautpflege

Ein großartiger Feuchtigkeitsspender

o Gesicht sorgfältig waschen. Während das Gesicht noch naß ist, ein wenig Vaseline einmassieren. Weiterhin das Gesicht naß machen, bis die Vaseline gleichmäßig verteilt ist und die Haut nicht fettig glänzt. (Viele teure Schönheitssalons benutzen diese Behandlung, ohne ihr Geheimnis zu verraten!) Sie werden überrascht sein, wie weich und glatt sich Ihr Gesicht anfühlt. Beachten Sie: Die Haut wird nicht fettig bleiben, wenn Sie dauernd ein wenig Wasser hinzugeben.

Entspannen Sie Ihre Haut

o Waschen Sie gründlich Ihr Gesicht. Gießen Sie etwas Apfelessig in ein Becken mit warmem Wasser und bespritzen Sie
Ihr Gesicht damit reichlich. Ohne Handtuch trocknen lassen.
Wenn Sie das einmal täglich machen, wird das den natürlichen PH-Wert, d. h. den Säuremantel, Ihrer Haut wieder
herstellen. Wer an Akne leidet, sollte dies auch versuchen.

Das am schnellsten wirkende Mittel gegen unreine Haut

o Betupfen Sie die Stellen mehrmals täglich mit Zitronensaft.

Der beste Porenreiniger

o Bringen Sie einen Liter Wasser zum Kochen und stellen Sie es
auf einen Tisch. Geben Sie den Saft oder die Schale einer halben Zitrone dazu, sowie eine Handvoll irgendwelcher Kräuter (Rosmarin, Basilikum, Thymian, Minze...). Eine Bade-
mütze aufsetzen und ein Handtuch über den Kopf und den
Topf drapieren. Das Gesicht etwa 30 cm über das Wasser halten. Mit geschlossenen Augen etwa 15 Minuten über dem
Dampf bleiben. Danach mit sehr kaltem Wasser nachspülen,
damit sich die Poren wieder schließen. Beachten Sie aber:
Diese Kur sollte nicht mehr als einmal pro Woche angewendet werden, weil sonst die Haut ihrer natürlichen Fette be-
raubt wird.

Eine billige, aber großartige Gesichtskur

o Rühren Sie eine Paste aus Hafermehl und Wasser an. Auf das
Gesicht auftragen und trocknen lassen, bis es sich straff anfühlt. Mit den Fingerspitzen abreiben. Dadurch löst sich ab-
gestorbene Haut, und die Mitesser lassen sich leicht entfernen.

Feuchtigkeitsmaske

o Ein Eidotter und einen Teelöffel Mayonnaise mit dem
Schneebesen gut verrühren. Die Mischung gleichmäßig ins
Gesicht reiben. Nach 20 Minuten mit warmem Wasser entfer-

nen. Dann das Gesicht mit kaltem Wasser befeuchten, damit sich die Poren schließen. Seien Sie das erste Mal vorsichtig. Es gibt Leute, die die Zutaten dieser Maske nicht vertragen.

Eine köstliche Gesichtsmaske

○ Für eine Tiefen-Porenreinigung zermahlt man ungefähr 60 g geschälte Mandeln im Mixer und vermischt sie mit Haselnuß- oder Mandelessenz zu einer dicken Paste. Bevor man die Paste aufträgt, legt man sich einen heißen Waschlappen aufs Gesicht, damit sich die Poren öffnen. Die Maske während 15 Minuten auf dem Gesicht lassen. Dann mit lauwarmem Wasser abspülen.

Badevergnügen

Weicheres Badewasser

○ ½ Tasse Backpulver ins Badewasser schütten.

Wenn das Schaumbad ausgegangen ist

o Vermischen Sie 2 Tassen Salatöl, 3 Eßlöffel Shampoo und einen Schuß von Ihrem Lieblingsparfüm während ein paar Minuten im Mixer, und versuchen Sie's damit.

Schöne Augen

Angenehmes für die Augen

o Geben Sie vor dem Schlafengehen etwas Rizinusöl rund um Ihre Augen. Es muß aber geruchlos sein, wie es von Chirurgen nach Schönheitsoperationen bei den Patienten angewendet wird.

o Entzündete oder überanstrengte Augen mit Borwasser oder Kamillentee auswaschen.

Gurken gegen müde Augen

o Legen Sie frische, kalte Gurkenscheiben auf Ihre Augenlider, wenn sie gerötet oder angeschwollen sind.

Pinzetten

o Damit das Augenbrauenzupfen nicht so weh tut, die Brauen vorher kurz zwischen Daumen und Zeigefinger kräftig hin- und herreiben. Die Stelle wird dadurch betäubt, und Sie können in aller Ruhe Ihre Augenbrauen zupfen.

o Wenn Pinzetten nicht mehr richtig schließen, wickelt man je ein kleines Gummiband um die Spitzen. Durch den Gummi wird die Pinzette auch besser greifen.

Make-up

Mineralwasser – ein frisches Make-up

o Nach dem Auftragen Ihres Make-ups besprühen Sie das Gesicht mit Mineralwasser oder tränken Sie ein Papiertaschentuch in Mineralwasser und tupfen Sie damit leicht über Ihr Gesicht. Ihr Make-up wird länger als sonst tadellos frisch bleiben.

Spartips für das Make-up

o Wenn Ihre Wimpertusche eingetrocknet ist, halten Sie sie verschlossen für ein paar Minuten unter heißes Wasser. Die Masse wird innen dadurch aufgeweicht, und man kann sie weiterverwenden.

o Grundierungscreme für das Make-up kann man strecken, indem man sie vor dem Anwenden in der Handfläche mit einer billigeren Feuchtigkeitscreme mischt.

o Bevor man Lippen- und Augenbrauenstifte anspitzt, gibt man sie für ein paar Minuten ins Gefrierfach.

Lippenglanz

o Etwas Vaseline über den Lippenstift auftragen (es genügt sehr wenig). Die Lippen glänzen sagenhaft, und die Farbe hält länger an. Im Winter ist es ausgezeichnet für rauhe Lippen.

Der beste Make-up-Entferner

o ist Pflanzenfett: Es ist preiswert und sehr wirksam. Das Fett einreiben, dann mit einem Papiertuch abwischen.

Mehr Ordnung auf dem Frisiertisch

o Stellen Sie alle Kosmetikartikel auf eine Drehscheibe. So können Sie sie bequem finden. Noch besser auf ein zweistöckiges drehbares (Gewürz-) Gestell. Damit haben Sie doppelt soviel Platz.

Lang anhaltender Parfümduft

o Eingefettete Haut hält Parfümdüfte länger als trockene. Deshalb reiben Sie eine sehr dünne Vaseline-Schicht in die Haut ein, bevor Sie Parfüm auftragen. Sie werden dann für Stunden angenehm duften.

Parfüm umfüllen ohne Trichter

o Wollen Sie Parfüm in eine kleine Flasche umfüllen und haben keinen Trichter, dann nehmen Sie eine Eierschalenhälfte, stechen ein Loch hinein, und das Eingießen erfolgt problemlos.

Parfümflecken entfernen
o Parfümflecken lassen sich mit verdünntem Salmiakgeist aus Textilien entfernen.

Einen abgebrochenen Lippenstift reparieren
o Erhitzen Sie die beiden Bruchstellen über einem Streichholz oder Feuerzeug, bis sie genug angeschmolzen sind, damit sie durch Zusammenpressen wieder halten. Im Kühlschrank abkühlen.

Wie bleibe ich frisch?

Deodorant-Tips
o Wenn Sie Deodorants nicht vertragen und auch von ganz milden Produkten Hautreizungen bekommen, reiben Sie etwas Handcreme unter die Arme, bevor Sie ein Deodorant verwenden. Die Creme wird die Wirkung des Deodorants nicht beeinträchtigen. Roll-Deodorants kann man selber nachfüllen, indem man eine Mischung herstellt aus einem Eßlöffel Alaunpulver (in Drogerien erhältlich) auf ¼ Liter Wasser. Die Lösung gut schütteln und in die leere Roll-Deodorant-Flasche gießen. (Die Rollvorrichtung mit Hilfe einer Nagelfeile abnehmen. Die Flasche vorher unter kaltes Wasser halten.)

Mundpflege

Zähneputzen einmal anders
o Um Belag und Flecken von den Zähnen zu entfernen, putzen Sie die Zähne kräftig mit einer Zahnbürste, die Sie vorher in eine zerdrückte Erdbeere getaucht haben.
o Oder putzen Sie mit reinem Natron, bis Sie den Unterschied bemerken.

Nur für Erwachsene!

Die besten Tips für den Umgang mit Kindern

Für die ganz Kleinen

Ein guter Start

o Schicken Sie nach der Geburt ihres zweiten Kindes dem älteren von der Klinik aus ein Geschenk mit einem Gruß vom Neugeborenen (evtl. auch ein Photo). Niemand will übergangen werden.

Immer die richtige Temperatur

o Eine zu heiße Baby-Flasche kann man abkühlen, wenn man immer etwas von der Mischung in einer sterilisierten Flasche im Kühlschrank aufbewahrt. Ein bißchen von der kalten Mischung in die zu heiße Flasche geben.

o Füllen Sie eine Thermosflasche, bevor Sie ins Bett gehen, mit kochendem Wasser. Wenn Sie dem Baby in der Nacht die Flasche geben müssen, ist das Wasser zum Wärmen schneller heiß.

Keine unangenehmen Gerüche mehr

o Wenn Plastik-Baby-Flaschen mit der Zeit unangenehm riechen, die Flasche mit warmem Wasser füllen. Einen Teelöffel Backpulver hinzufügen. Gut schütteln und über Nacht stehen lassen.

Auf dem Wickeltisch

o Stärkemehl anstelle von Baby-Puder verwenden. Es ist ebenso gut und kostet weniger.

o Oder wenn Sie den Geruch von Baby-Puder besonders gern haben, mischen Sie Baby-Puder und Stärkemehl zu gleichen Teilen.

o Wenn Ihnen Vaseline ausgegangen ist, verwenden Sie Pflanzenfett. Es hat dieselbe Wirkung.

Windeln flicken

o Wenn bei Wegwerfwindeln die Heftstreifen abgerissen sind, Krepp-Klebeband verwenden.

Saubere und weiche Windeln

o Die Windeln spülen und über Nacht in der Waschmaschine in warmem Wasser mit einem starken Einweichmittel liegen lassen. Am nächsten Morgen wie gewöhnlich in der Maschine waschen. Einen zusätzlichen Spülgang nicht vergessen.

o Geben Sie anstelle eines Weichspülers ½ Tasse Backpulver in den Hauptwaschgang (Weichspüler können bei Babys Hautreizungen verursachen). Die Windeln werden damit weich und riechen auch gut.

Badespaß

o Bevor man das Baby badet, legt man sich ein Handtuch um den Hals und bindet es wie einen Latz um. So wird man nicht naß und kann das Baby nach dem Bad sofort darin einwikkeln.

o Erschrecken Sie das Kind nicht mit kalter Baby-Lotion. Wärmen Sie die Flasche vorher in einem heißen Wasserbad auf.

o Wenn das Kind aus der Baby-Phase heraus ist, aber noch zu klein ist für die Wanne, tut ein durchlöcherter Plastikwäschekorb gute Dienste. Wasser einlaufen lassen, den Korb hineinstellen und das Kind in den Korb setzen.

o Zum Baden in der großen Badewanne kann man den Kindersitz vom Auto benutzen. Entfernen Sie Polster und Gurte, und legen Sie ein großes zusammengefaltetes Badetuch auf den Sitz und eines auf den Wannenboden (um Ausrutschen zu vermeiden). Das Baby setzen Sie in den Sitz und lassen Wasser einlaufen. Sie haben dann beide Hände frei.

Man muß auch manchmal an sich denken

o Wenn Sie gerne die Zeitung lesen möchten, aber Ihr Baby schreit, lesen Sie ihm die Zeitung doch einfach vor. Ihre beruhigende Stimme wird es in den Schlaf wiegen.

Nach dem Füttern

o Ein Heizkissen oder eine Wärmflasche neben dem Baby-Bett bereithalten und damit das Bettchen warm halten, wenn das Kind nachts zum Füttern herausgenommen wird. Das Baby wird danach schneller wieder einschlafen. Heizkissen oder Wärmflasche nicht im Bettchen lassen!

Ein Reisebett fürs Baby

o Wenn Sie mit einem Kleinkind verreisen und nicht ein ganzes Kinderbett mitnehmen wollen, benützen Sie ein zusammenfaltbares Plastikplanschbecken und blasen es auf. Polstern Sie es mit einigen Wolldecken und bedecken es mit einem Leintuch, dessen Enden unter dem Becken festgebunden werden.

Bett-Wechsel

o Sie ersparen sich Angst und Sorge, wenn Sie beim Übergang vom Gitterbett zu einem großen Bett, vorübergehend die Kinderbettmatratze vor das große Bett legen. Wenn das Kind herausfallen sollte, erschrickt es zwar, wird sich aber nicht verletzen.

Babys erste Schuhe

o Trägt ein Kleinkind seine ersten Schuhe mit harten Sohlen und soll damit auf hartem Boden laufen, so ist das, wie wenn ein Erwachsener über Eis geht. Wenn Sie einen dünnen Streifen Schaumstoff auf die Sohlen kleben, wird Ihr Kleines schneller Vertrauen zum Laufen bekommen. Wenn der Schaumstoff abgelaufen ist, kratzen Sie die Reste mit einer Rasierklinge ab und kleben gegebenenfalls ein neues Stück darauf.

Baby-Schuhe putzen

o Wenn die Schuhe an den Kappen stark abgenutzt sind und keine Schuhcreme annehmen wollen, reiben Sie sie vor dem üblichen Putzen mit einem Stück roher Kartoffel oder mit Alkohol ein.

o Nach dem Polieren mit Haarspray einsprühen, damit die Politur länger hält.

o Oder: Tragen Sie klaren Fingernagellack auf die Stellen auf, die am meisten abgenutzt werden.

Medizin einflößen

o Die vorgeschriebene Menge in die Baby-Flasche füllen und dem Kind kurz vor der gewohnten Essenszeit geben, falls keine andere Zeit ausdrücklich vorgeschrieben ist. Es wird so hungrig sein, daß es auch die scheußlichste Medizin, ohne es wirklich zu bemerken, hinunterschluckt.

o Flüssige Vitamine gibt man dem Kind am besten in der Badewanne. So entstehen keine Flecken auf den Kleidern.

Wenn Ihr Kind größer wird

Vom Schnuller entwöhnen

o Schneiden Sie jede Woche ein Stückchen vom Schnuller ab, bis nichts mehr davon übrig ist. So geht das Abgewöhnen vielleicht leichter.

Ein gutes Beispiel geben

o Sie werden sich viel Mühe ersparen, wenn Sie Ihrem Kind nie etwas beibringen, was es sich später wieder abgewöhnen muß. Stellen Sie es z. B. nicht mit den Schuhen auf einen Stuhl oder auf das Bett, wenn Sie es anziehen. Später wird es leichter begreifen, daß es mit den Schuhen nicht auf Möbeln stehen darf.

Ein leichter Druck genügt

o Kleine Kinder rollen für ihr Leben gern das Toilettenpapier von der Rolle ab. Das kann man verhindern, wenn man die Rolle zu einem Oval zusammenpreßt, bevor man sie an den Halter steckt.

Sicherheits-Tips

o Sogar Erwachsene laufen manchmal in geschlossene Glasschiebetüren. Damit den Kindern das nicht passiert, kleben Sie auf Augenhöhe der Kinder ein Stück Farbband aufs Glas zur Warnung vor der geschlossenen Tür.

o Wenn Ihr Kind in die Krabbelphase kommt, sichern Sie Tischlampen u. ä. dadurch ab, daß Sie das Kabel am Tischfuß festkleben. Wenn Sie ein transparentes Klebeband benutzen, wird es nicht auffallen und stören.

o Damit sich Ihr Kind nicht die Finger am Klavier einklemmt, legen Sie einen Korken an die beiden Enden der Tastatur. Wenn nun der Deckel runterfällt, sind die Finger sicher.

o Verhindern Sie, daß Ihr Jüngstes in unbeobachteten Momenten aus der Wohnung schlüpft, indem Sie eine kleine Klingel an die Türe binden. Sie hören dann immer, wenn die Türe geöffnet wird.

o Wenn Ihr Kind auf dem Gehsteig Dreirad fährt und nicht auf die Straße fahren soll, malen Sie in genügendem Abstand zur Straße eine weiße Linie auf den Boden. Erklären Sie dem Kind, daß es nicht über diese Markierung hinausfahren darf.

o Am Kindersitz im Auto auf jeder Seite ein Stück Schnur befestigen und je ein Spielzeug daran anbinden. So kann das Kind sein Spielzeug immer wieder selbst holen, und Sie können sich in aller Ruhe auf das Fahren konzentrieren.

o Ein Handtuch, das man über die Badezimmertüre hängt, verhindert, daß sich Kinder aus Versehen einschließen.

o Türklinken werden um 90° nach oben verstellt, wenn kleine Kinder die Türen nicht öffnen sollen.

Verletzungen und Krankheiten

o Bei den ersten Gehversuchen immer ein paar Eiswürfel aus Sirup oder Fruchtsaft im Gefrierfach bereithalten. Falls sich das Kind an der Lippe anschlägt, lassen Sie es einen solchen Eiswürfel lutschen. Die Lippe wird abschwellen.

- Wunden immer mit einem roten Waschlappen säubern. So können die Kinder das Blut nicht sehen und erschrecken nicht.
- Salben oder Desinfektionsmittel nicht direkt auf die Wunde geben, sondern vorher auf den Verband. Das Kind wird dann keine Angst davor haben.
- Wenn man einen Splitter im Finger nicht sehen kann, betupft man die Stelle mit Jod. Der Splitter verdunkelt sich dadurch und ist leichter herauszuziehen.
- Um den Spreißel aus dem Kinderfinger zu entfernen, tauchen Sie die verletzte Stelle vorher einige Minuten in Speiseöl. Es geht dann leichter.
- Ein Eiswürfel einige Minuten auf die »Wunde« gelegt, wird die Stelle etwas betäuben, und der Splitter kann schmerzfrei entfernt werden.
- Damit's kein »Aua« gibt, wenn Sie ein Pflaster von der Haut Ihres Kindes abziehen, tränken Sie ein Tuch in Babyöl und reiben damit über das Pflaster. Es wird dann abgehen, ohne daß die Haut schmerzt.
- Wenn Ihr Kind Schwierigkeiten mit dem Tablettenschlucken hat, legen Sie diese auf einen Teelöffel mit Apfelkompott, und Sie werden sehen, wie leicht sie hinunterrutschen.
- Ein Lutscher eignet sich vorzüglich dafür, die Zunge herunterzudrücken, um dem Kind in den Hals zu schauen.
- Damit beim Essen im Bett der Teller nicht so leicht rutscht, legt man einen feuchten Waschlappen unter den Teller auf das Tablett.
- Pflaster bleiben im Bad trocken, wenn man eine Plastiktüte darüberlegt und sie mit wasserabstoßendem Isolierband festmacht.

Augentropfen
- Das Kind soll sich hinlegen und die Augen schließen. Je einen Tropfen in die Augenwinkel geben. Wenn das Kind die Augen wieder öffnet, wird sich die Flüssigkeit von selbst verteilen.

Spieglein, Spieglein an der Wand...

o Damit die Schönheitspflege Ihres Kindes nicht zu kurz kommt – und aus Respekt vor den Kleinen –, hängen Sie in Ihr Badezimmer einen zweiten Spiegel auf Kinderaugenhöhe.

Mit Kindern basteln

o Es gibt kein Verschütten von Mal-Wasser oder Leim, wenn Sie in ein Schaumstoffstück ein Loch schneiden und den Behälter dort hineinstellen. Ein größerer Schwamm tut es auch. Alles Übergelaufene wird aufgesaugt, und der Behälter fällt nicht um.

Spielerisches Lernen

o Damit Ihr Kind ein Gefühl für die Zeit bekommt, machen Sie ihm (wenn Sie z. B. in fünf Tagen in den Zoo gehen wollen) eine Papierschlange aus fünf Stückchen Papier. So kann es jeden Tag ein Stück Papier abreißen.

Spielhäuser – schnell gemacht

o Ein altes Leintuch über einen Tisch legen, und auf den Seiten Türen und Fenster aufmalen.

o Oder man verwendet ein altes Holzlaufgitter, befestigt oben als Dach eine Sperrholzplatte und nimmt auf der Seite ein paar Gitterstäbe als Türe heraus.

o Oder hängen Sie einen alten Bettüberwurf draußen über die Wäscheleine. Machen Sie ihn mit Wäscheklammern oben fest, und schlagen Sie unten Pflöcke ein, um das Tuch zu einem Zelt zu spannen.

Farb-Ideen
o Einen Teelöffel Lebensmittelfarbe in eine Flasche Wasser geben. Damit können Kinder im Winter Muster auf den Schnee spritzen.
o Oder geben Sie ein paar Tropfen Lebensmittelfarbe als Überraschung für Ihre Kinder ins Schaumbad.

Verloren und leicht wiedergefunden
o Bevor Sie zu einem Ausflug im Zoo, auf die Kirmes oder in den Zirkus aufbrechen, hängen Sie jedem Kind ein Schildchen um mit Namen, Anschrift und Telefonnummer.
o Wenn Sie die Kinder in auffälligen Farben kleiden (Rot ist vor allem gut geeignet), können Sie sie besser im Auge behalten.

Sommerfrische
o Wenn die Rutschbahn Ihrer Kinder nicht mehr gut gleitet, reiben Sie sie mit Wachspapier ein.
o An heißen Tagen zur Abkühlung ein Kinderplanschbecken an den Fuß der Rutschbahn stellen.
o Eine leere Geschirrspülmittel-Flasche, die man säubert und mit Wasser füllt, eignet sich gut als Wasserpistole.
o Wenn Sie Strandspielsachen in einem Wäschekorb aus Plastik mitnehmen, können Sie den Korb ins Wasser eintauchen, um den Sand von den Spielsachen abzuspülen.

Kein Gästebett?
o Eine zweite Matratze genügt. Legen Sie sie unter das Kinderbett. Dann ist sie immer gleich zur Hand, wenn andere Kinder bei Ihnen übernachten wollen.

Schöne Erinnerungen
o Wenn Sie die Kinder zum Photographen schicken, säubern Sie auch ihre Schuhsohlen. Kinder werden fast immer im

Schneidersitz aufgenommen, und die schmutzigen Sohlen sind dann auf dem Photo sichtbar.

o Wenn in der Schule regelmäßig von den Kindern Photos gemacht werden, das neue Photo in den gleichen Rahmen über das alte stecken. So bleiben alle Aufnahmen zusammmen, und man kann die ganze Serie anschauen.

Ausgetragene Kleider

o Schlafanzüge mit Füßen, die zu klein geworden sind, kann man weiterverwenden, wenn man die Füße abschneidet.

o Abgenutzte oder zu kurze Ärmel von Anoraks: Abschneiden und als Weste weitertragen.

Kapuzenbänder und Knöpfe

o Damit die Bänder der Kapuze nicht immer herausgezogen werden, befestigen Sie sie mit einigen Stichen in der Mitte.

o Knöpfe kann man leichter auf- und zumachen, wenn man sie mit elastischem Faden annäht.

Flecken verschönern

o Wenn sich Flecken aus Kinderkleidung partout nicht beseitigen lassen, machen Sie aus der Not eine Tugend und gestalten den Fleck mit Wäschetinte künstlerisch um in Buchstaben, kleine Tiere etc.

Wie Hund und Katz

Die besten Tips für Haustiere

Auf den Hund gekommen

Ein gelungener Wurf
o Wenn Ihr Hund oder Ihre Katze Junge hat und Sie die Tiere
bei sich aufziehen, halten Sie sie in einem alten Kinder-Lauf-
gitter aus Drahtnetz. Bei Holz-Laufgittern ein feinmaschiges
Netz um die Gitterstäbe herum befestigen, damit die Jungen
nicht heraus können.

Heulender junger Hund
o Ihr junger Hund vermißt möglicherweise seine Mutter. Trö-
sten Sie ihn, indem Sie ihm eine in ein Tuch gewickelte
Wärmflasche und eine tickende Uhr in sein Körbchen legen.
Manchmal hilft auch sanfte Radiomusik.
o Oder legen Sie ein paar von Ihren alten Kleidern ins Körbchen. Der vertraute Geruch wird den Hund beruhigen, und er
wird nicht jaulen.

Im Handumdrehen stubenrein
o Eine Glocke an die Türklinke hängen und jedesmal läuten,
wenn man mit dem Hund »Gassi« gehen will. Es wird nicht
lange dauern, bis der Hund selbst klingelt, wenn er hinaus
muß.

Was tun gegen unangenehme Hunde-Hinterlassenschaften?
o Soviel wie möglich Feuchtigkeit aufsaugen. Mit einer Lösung
aus Essig oder Zitrone und warmer Seifenlauge die Stelle bearbeiten. Mehrmals aufwischen. Dann Mineralwasser auf
den Flecken gießen. Wieder aufwischen. Trockenes Handtuch über den Flecken legen und mit schweren Büchern (geschützt in Plastiktüten) beschweren. Wenn das Tuch feucht
ist, sofort durch ein frisches austauschen.

Ihren Hund chemisch reinigen
o Sie brauchen Ihren Hund nicht immer richtig zu baden, reiben Sie sorgfältig Natron in sein Fell und bürsten es dann aus.
Es reinigt und desodoriert zugleich.

Andere Pflege-Tips

o Eine Creme-Spülung nach dem Bad hilft bei Hunden mit langhaarigem Fell.

o Um Seifenfilm und starken Seifengeruch zu entfernen, geben Sie Essig oder Zitrone ins Spülwasser.

o Etwas Backpulver im Spülwasser macht das Fell weich und verleiht ihm mehr Glanz.

o Backpulver oder Stärkemehl eignet sich auch als Trocken-shampoo für alle Pelztiere. Gut einreiben. Dann ausbürsten. Backpulver desodoriert zugleich auch das Fell.

o Wenn Ihr Tier beim Waschen sehr haart, geben Sie ein altes Teesieb auf den Abfluß, damit die Rohre nicht verstopfen.

Ihrem Hund eine Tablette geben

o Die meisten Hunde mögen Schokolade. Deshalb stecken Sie die Hundetablette in einen Riegel Schokolade. Sie können die Medizin auch in einem Bissen Hundefutter verstecken.

Junger Knabber-Hund

o Wenn Ihr neuer junger Hund Tisch- und Stuhlbeine anknab-bert, lösen Sie das Problem durch Auftragen von etwas Hand-schuhöl (in Drogerien erhältlich) mit einem Baumwolltuch auf das Holz. Wenn ihn der Geruch nicht abhält, tut es be-stimmt der bittere Geschmack.

o Vermeiden Sie Schaden an Teppichen und Schuhen, indem Sie ihm eine gut ausgewaschene Plastikflasche oder einen an-deren geeigneten Gegenstand zum Herumnagen geben.

Ein Freßnapf, der nicht mehr rutscht

o Der Hundefreßnapf steht fest, wenn Sie unter den Napf den Gummiring eines Einmachglases oder ein dünnes Stück Schaumgummi kleben.

o Wenn der Hund seinen Trinknapf draußen immer wieder um-schüttet, verwenden Sie eine alte Gugelhupf-Form als Napf. Schlagen Sie einen Holzpflock in die Erde, und stellen Sie die Form darüber.

Zecken entfernen

o Entfernen Sie Zecken durch Einmassieren von Öl in den Fellknäuel oder durch Knacken der Zecken mit einer Zange. Abgetötete Zecken verlieren ihre Haftfähigkeit und können ausgekämmt werden.

Keine Fliegen in der Hundehütte

o Wenn Sie einige frische Kiefernnadeln in die Hundehütte oder unter seine Matte legen, verscheuchen Sie die lästigen Fliegen.

o Oder salzen Sie die Ritzen der Hundehütte und waschen das Tier mehrmals mit Salzwasser.

Schutz vor Flöhen

o Durch etwas Bierhefe, die man ins Fell des Hundes reibt, werden Flöhe ferngehalten.

Probleme im Schnee

o Das Salz, das im Winter gestreut wird, kann bei Hunden Entzündungen an den Pfoten hervorrufen. Es tut ihnen auch nicht gut, wenn sie die Chemikalien ablecken. Waschen Sie daher die Pfoten des Hundes im Winter mit einer Mischung aus Backpulver und Wasser. Das Salz wird dadurch gelöst.

Ein Sicherheitstip für »Waldi«

o Kleben Sie Leuchtpunkte auf das Halsband Ihres Hundes, damit er in der Nacht besser gesehen und nicht überfahren wird.

Katzen-Geschichten

Katzen-Ernährung

o Ihre Katze wird mit dem Fressen nicht mehr so wählerisch sein, wenn Sie ein bißchen Öl aus einer Thunfischdose darüberträufeln.

o Für eine gesunde Ernährung: Ab und zu einen Teelöffel Bierhefe unter die Nahrung mischen. Die Hefe enthält Vitamin B.

Auch Katzen kann man überlisten

o Wenn Katzen eine flüssige Medizin nicht einnehmen wollen, schütten Sie etwas auf das Fell. Die Katze wird die Flüssigkeit instinktiv ablecken.

o Damit Katzen nicht im frischen Salatbeet scharren, einfach frischgemahlenen Pfeffer streuen.

Katzen erziehen

o Immer eine gefüllte Wasserpistole in Reichweite haben und die Katze damit bespritzen, wenn sie etwas Verbotenes tut.

Spielsachen

o Katzen lieben kratzende Geräusche: Zerknüllen Sie ein Stück Alufolie zu einer Kugel, und lassen Sie sie damit auf dem Boden herumspielen.

o Oder man bindet einen Pingpong-Ball an einen Faden und befestigt den Faden an einem leeren Regal. Die Katze kann so nach dem Ball springen und damit spielen, ohne daß das Spielzeug dauernd unter die Möbel rollt.

Die Katze von Ihrem Lieblingsstuhl fernhalten

o Einige Mottenkugeln in das Kissen des Stuhls oder Sofas stopfen, und Ihre Katze wird sich nicht mehr darauf legen.

o Katzen mögen keine Plastikdecken. Bedecken Sie Ihren Stuhl damit, bis die Katze merkt, daß da kein Platz für sie ist.

Wenn der Vogel aus dem Käfig entwichen ist

o Das Zimmer abdunkeln. Vögel bleiben im Dunkeln gewöhnlich regungslos sitzen, und man kann sie problemlos wieder einfangen.

Vogelbäder

o Wenn der Vogel nicht ins Bad will, legt man etwas Sand auf den Boden des Beckens und streut ein paar Körner Vogelfutter auf die Wasseroberfläche.

o Und falls das Becken in der Sonne steht, rücken Sie es in den Schatten. Es kann sein, daß das Wasser zu warm ist.

Weitere Vogel-Tips

o Um Vögel an ein draußen aufgestelltes Vogelbecken zu locken, legen Sie einige farbige Murmeln hinein.

o Wenn Sie keinen Trichter zum Einfüllen von Vogelfutter finden, verwenden Sie eine alte abgeschnittene Milchtüte.

o Helfen Sie den Vögeln beim Nestbau, indem Sie sie mit Baumaterial versorgen. Sammeln Sie Stoffetzchen, Fadenstückchen, Garn aus dem Nähkorb und Haare aus Ihrer Bürste. Alles ganz leicht zusammenfusseln und an einem Baumast befestigen.

Fischbassin reinigen

o Nie Seife verwenden. Nehmen Sie Tafelsalz (kein jodhaltiges Salz benützen), und reiben Sie es mit einem zerknüllten Nylon-Netz ein. Anschließend gut spülen, damit keine Rückstände im Fischbassin bleiben.

Betreten verboten

o Damit die Katze nicht im Aquarium fischen kann, schneidet man ein Stück von einem Früchtenetz aus, legt es über die Öffnung des Aquariums und befestigt es am Rand mit einem Gummiband.

Der Mäusefänger

Die besten Tips gegen Schädlinge

Weg mit dem Ungeziefer!

Abfalleimer ohne Gäste

o Erste Grundregel ist natürlich, den Mülleimer stets gründlich zu säubern. Hat man trotzdem manchmal Ungeziefer oder Geruchsprobleme, legt man einige Mottenkugeln hinein und vertreibt damit beide Unannehmlichkeiten.

o Ein anderes gutes Mittel gegen schnüffelnde Hunde und Ungeziefer ist Salmiakgeist, mit dem man den Mülleimer innen und außen abreibt oder besprüht.

o Man kann auch Chilipulver nehmen.

Kampf den Küchenschaben

o Borax vertreibt Küchenschaben. Zweimal im Jahr alle »heimlichen« Ecken damit bestreuen.

o Oder verrühren Sie 4 Eßlöffel Borax, 4 Eßlöffel Mehl und 1 Eßlöffel Coca-Cola miteinander, füllen Sie die Paste in flache Blechdeckel und stellen Sie sie überall dort hin, wo Schaben sein könnten.

o Oder füllen Sie eine große Schüssel mit billigem Wein und stellen Sie sie unter die Spüle. Die Schaben werden davon trinken und betrunken hineinfallen. Das soll kein Witz sein! Sie sollten es wegen seiner guten Wirkung mal ausprobieren!

o Oder stellen Sie eine Schüssel mit trockenem Zement neben eine Wasserschüssel an die gefährdeten Stellen und warten ab, was dann passieren wird.

Mäuse

o Mäuse können den Geruch von Pfefferminz nicht ausstehen. Nehmen Sie entweder frische Stiele, oder tropfen Sie etwas Pfefferminzöl, das in der Apotheke zu bekommen ist, auf ein Stück Pappe und legen es an die Stellen, wo Sie Mäuse vermuten.

o Etwas Schwefel oder die Köpfe von Streichhölzern mit Streichkäse vermischen und auslegen.

o Daß Speck oder Schmalz gute Lockmittel in Mäusefallen sind, weiß wohl jeder, daß aber auch Erdnußbutter oder Schokolade wirksam sind, ist vielleicht neu.

Noch einiges gegen Schädlinge

○ Lorbeerblätter auf die gründlich gereinigten Borde in der Speisekammer oder in den Küchenschrank zusammen mit den Lebensmitteln gelegt, bewirken einen hervorragenden Schutz gegen alle möglichen Arten von Schädlingen. Die Blätter sollte man jedes Jahr erneuern.

○ Oder streuen Sie Insektenpulver auf die Scheibe einer rohen Kartoffel und legen sie dorthin, wo Sie Ungeziefer vermuten.

○ Mehlwürmer hält man von allen Teigwaren fern, wenn man einige Streifen Kaugummi in die Nähe angebrochener Packungen legt.

○ Und Würmer, die Ihre Küchenkräuter-Fensterbrett-Kulturen zerstören wollen, vertreiben Sie durch rohe Kartoffelscheiben, die oben in die Topferde gelegt werden.

Ameisenplage

○ Um Ameisen vom Haus fernzuhalten, legen sie ganze Gewürznelken an mögliche »Eingänge«. Auch unter der Spüle und auf Küchenbrettern mit Lebensmitteln oder in Schränken sind sie wirksam.

○ Ameisen können nicht über Kreidestriche krabbeln. Testen Sie diese Behauptung an einer Ameisenstraße und überzeugen Sie sich.

○ Ameisen verscheucht man auch mit trockenem Kaffeesatz.

○ Ein todsicheres Ameisengift ist auch folgende Mischung: 2 Teelöffel Borax und 1 Tasse Zucker in ein kleines Marmeladenglas füllen, Löcher in den Deckel stechen und rund um den Haussockel streuen.

Silberfische

○ Auf die entsprechenden Stellen eine Mischung aus Borsäure und Zucker streuen.

Wespen beseitigen

○ Wenn eine Wespe ins Haus gerät, greifen Sie nach dem Haarspray. Die meisten Insektensprays erbosen die Tiere nur, während Haarspray die Flügel versteift und sie sofort bewegungsunfähig macht. Das geht allen Insekten so, wobei man daran denken sollte, daß Bienen nützliche Tiere sind und man diese hinausfliegen lassen sollte.

o Eine »Wespenfalle« stellen Sie leicht her, indem Sie eine Limonadenflasche mit einem verbliebenen Rest offen stehenlassen. Sie gehen zu Dutzenden hinein, können aber nicht wieder hinaus.

Erste Hilfe bei Insektenstichen

o Mit Eiweiß bestreichen.
o Wenn Sie einen Rhabarberstiel greifbar haben, durchschneiden und auf den Stich reiben.
o Oder machen Sie einen Umschlag aus Stärkemehl oder Natron, das mit Essig, frischem Zitronensaft oder Hamamelismilch angerührt wurde.
o Zuerst den Stachel entfernen.
o Reiben Sie die Stiche mit nasser Kernseife ein, um das Jucken zu mildern.
o Eiswürfel darauf halten.
o Oder legen Sie eine frisch geschnittene Zwiebel- oder Zitronenscheibe auf den Stich. Das hilft, das Gift herauszuziehen. Mit einem Pflaster befestigen, eventuell erneuern.

Fliegen vertreiben

o Besonders während der heißen Tage sind Fliegen in den Zimmern sehr lästig. Wenn Durchzug nicht hilft, so stelle man einige flache Teller mit Lorbeeröl auf.

Rosen, Tulpen, Nelken...

Die besten Tips für Zimmerpflanzen und Garten

Zimmerpflanzen gießen

- Das Wasser muß Zimmertemperatur haben.
- Lassen Sie Gießwasser einen Tag stehen, damit es Chlorzusätze verliert und die Pflanzen keine braunen Flecken bekommen.
- Stecken Sie Ihren Finger 2 cm in die Erde; wenn sie sich feucht anfühlt, brauchen Sie noch nicht zu gießen.
- Wasser, in dem Eier gekocht wurden, enthält viele Mineralien und gibt einen guten »Drink« für Ihre Pflanzen.
- Tun Sie Eierschalen in ein Gefäß mit Wasser und decken es zu. Vor dem Gießen einen Tag ziehen lassen, aber nicht länger, weil die Eierschalen sonst faulen und stinken.
- Zum Entkalken des Gießwassers füllen Sie einen Eimer zu einem Drittel mit Torfmull und füllen mit Wasser auf. Einen Tag stehen lassen, dann in die Gießkanne abgießen.
- Altes Aquariumwasser und Wasser, in dem Fisch eingefroren war, sind beste Pflanzendünger.
- Schütten Sie abgestandenes Mineralwasser nicht weg. Es ent-

hält die richtigen Stoffe, um ihren Pflanzen Farbe und Lebenskraft zu geben.

o Knollen- und Zwiebelgewächse sollten immer von unten her gegossen werden. Füllen Sie eine Untertasse oder das Spülbecken mit Wasser, und stellen Sie die Pflanzentöpfe hinein.

o Wenn Sie im Zimmer viele Pflanzen halten, während der Heizperiode einen kleinen tragbaren Luftbefeuchter aufstellen.

o Vor allem während dieser Zeit sollten Sie Ihre Zimmerpflanzen häufiger mit einem Wasserzerstäuber besprühen.

o Ein Säckchen Gelatine in heißem Wasser auflösen. Langsam drei Tassen kaltes Wasser hinzufügen. Ihre Pflanzen werden gesünder sein, wenn Sie sie einmal im Monat mit dieser Mischung gießen. Die Mischung jedesmal frisch herstellen.

Pflanzen lieben Feuchtigkeit

o Nehmen Sie Ihre Zimmerpflanzen, wenn Sie das nächste Mal duschen oder ein Bad nehmen, mit ins Badezimmer. Der Dampf wird den Pflanzen guttun.

Auch nach den Ferien frische Pflanzen

o Damit die Pflanzen während Ihres Urlaubs nicht verdursten, stellen Sie sie auf Ziegelsteine in die Badewanne oder das Spülbecken. Etwas Wasser einlaufen lassen und den Hahn leicht tropfen lassen. Die Pflanzen holen sich über die vollgesogenen Ziegel das Wasser, das sie brauchen.

o Oder nehmen Sie statt der Ziegelsteine alte, mehrfach gefaltete Badetücher.

o Sie können auch diesen Tip ausprobieren: Hängen Sie das eine Ende eines Strickes in einen Wasserkübel und stecken Sie das andere in die Blumenerde. Der Wasserbehälter muß höher stehen als die Pflanze.

o Sind Sie nur wenige Tage verreist, so bedecken Sie die Topferde nach dem letzten Gießen mit Moos oder Steinchen.

Gerades Wachstum für die Pflanzen

o Drehen Sie die Töpfe öfter um eine Vierteldrehung, damit sie gleichmäßig von allen Seiten Licht bekommen. Pflanzen richten sich immer nach dem stärksten Licht aus. Aber nicht jeder Pflanze bekommt diese Methode.

Zimmerpflanzen beim Onkel Doktor

o Ein kleiner Verband aus Zahnstochern und Pflaster kann oft den geknickten Stiel einer Pflanze heilen.

Pflanzenblätter säubern

o Mit einem Federstaubwedel entstauben.
o Glyzerin ist eine der besten Substanzen, wenn Sie Glanz auf die Blätter Ihrer Pflanzen bringen wollen. Einige Tropfen auf ein Tuch geben und die Blätter damit abwischen.
o Eine Mischung aus gleichen Teilen Milch und Wasser eignet sich ebenfalls gut, um glänzende Blätter zu bekommen.

Selbstgemachtes Spalier

o Zwicken Sie den Haken eines Drahtkleiderbügels ab, und biegen Sie den verbleibenden Draht in eine lustige, originelle Form, etwa wie ein Herz oder einen Stern. Dann stecken Sie die Enden in den Blumentopf, und Sie haben ein Miniaturspalier für Ihren Efeu.

Schädlingsbekämpfung

o *Blattläuse und Spinnen:* Die ganze Pflanze in der Badewanne mit einer milden Seifenlauge abwaschen.
o *Schwarze Blattlaus:* 2 Eßlöffel reinen Salmiakgeist auf 1 Liter Wasser geben. Damit die Erde gießen.
o *Grüne Blattlaus:* Mischen Sie 2 Eßlöffel Geschirrspülmittel unter etwa 4 Liter Wasser, und sprühen Sie damit die Blätter ab.
o *Schnecken oder Larven:* Sie verschwinden sofort, wenn Sie die Pflanze in einen Kübel Wasser stellen.
o *Verschiedene Ungeziefer:* Pflanzen Sie zu Ihren Zierpflanzen eine Knoblauchzehe ein. Wenn der Knoblauch wächst, muß er immer so zurechtgestutzt werden, daß er die Zierpflanze nicht stört. Der Knoblauch wird der Pflanze nichts ausmachen, aber das Ungeziefer vertreiben.

Farne mögen Tee

○ Schwacher Tee ist für Farne ein belebendes »Getränk«. Zusätzlich zu einem Tee-Guß sollten Sie einen feuchten, benutzten Teebeutel mit dem Farn einpflanzen.

○ Wenn Farne von Würmern befallen sind, bekämpfen Sie diese mit Streichhölzern. Stecken Sie die Streichhölzer mit dem Kopf nach unten in den Boden und zwar 4 bei einer normal großen Pflanze, bis zu 6 bei einer sehr großen.

○ Farne mögen den Stickstoff, der in einer sehr schwachen Lösung von Salmiakgeist in Wasser enthalten ist.

Blumentöpfe richtig füllen

○ Um eine gute Drainage zu erhalten, legt man Scherben von Tontöpfen, Walnußschalen, Obstkerne, Murmeln, Holzkohle oder Kieselsteine auf den Boden des Blumentopfes, bevor man ihn mit Erde füllt.

Blumen machen Freude

Wie Schnittblumen länger halten

○ Schneiden Sie die Stiele immer in einem schrägen Winkel mit einem scharfen Messer ab.

○ Spalten Sie dickere Stengel immer auf, bevor sie in die Vase kommen. Dadurch wird die Feuchtigkeit leichter aufgenommen.

○ Stiele immer unter Wasser schneiden. Auf diese Weise können sich keine Luftbläschen bilden, die das Aufnehmen von Wasser durch den Stiel behindern.

○ Entfernen Sie die Blätter, die sonst im Wasser stehen würden, da vermodernde Blätter das Wasser vergiften.

○ Von Aspirintabletten, Kupferpfennigen und Eiswürfeln wird behauptet, daß sie das Leben von Schnittblumen verlängern. Jedoch besteht das beste Mittel aus 2 Eßlöffeln hellem Essig und 2 Eßlöffeln Rohrzucker auf 1 Liter Wasser. Der Essig verhindert das Wachstum von Mikro-Organismen, und der Zucker dient als Nahrung.

○ Jede Nacht kühlen. Das allein kann die Lebenszeit verdoppeln.

- Blumen halten länger, wenn sie genügend Platz in der Vase haben.
- Blaue Hortensien werden blauer durch Zusatz von Alaunpulver.
- Geben Sie ein Stück Holzkohle ins Wasser. So entsteht kein unangenehmer Geruch, wenn die Blumenstiele langsam verfaulen.

Weitere Blumentips

- Wenn Sie jemals unter dem Geruch einer Ringelblume gelitten haben, die einige Tage im Wasser stand, dann werden Sie über folgenden kleinen Hinweis froh sein: Ein Teelöffel Zukker im Wasser nimmt den Geruch.
- Nelken halten länger, wenn das Blumenwasser etwas Borsäure enthält.
- »Füttern« Sie Geranien (Pelargonien) mit abgebrühtem Kaffeesatz aus Ihrem Filter.
- Wenn eine Vase zu hoch ist, und Sie haben keine kürzere, um die Blumen hübsch zu arrangieren, legen Sie eine zerknüllte Zeitung oder ein Papierküchentuch in die Vase.
- Falls Sie irgendwelche Antibabypillen übrig haben, lösen Sie sie in Wasser auf und gießen damit Ihre Veilchen.
- Um zu kurz abgeschnittene Blumen zu verlängern, steckt man sie in Trinkstrohhalme, bevor sie in die Vase kommen.
- Geben Sie eine Lage Kies auf Blumenkästen, damit durch den Regen nicht Erde gegen Ihre Fensterscheiben gespritzt wird.
- Narzissen sollten möglichst allein in einer Vase stehen, denn ihre Absonderungen vertragen andere Blumen nicht gut und welken schnell.
- Damit das Wasser in einer Glasvase nicht trüb wird, geben Sie einen Teelöffel flüssigen Bleichmittels auf einen Liter Wasser.
- Die Plastikkörbchen von Erdbeeren oder anderen Früchten kann man (mit der Öffnung nach unten) zum Blumenstecken verwenden. Vor allem sind sie für Blumen-Arrangements in niederen, runden Schalen geeignet.

○ Zusammengebundene Lockenwickler auf den Boden einer Keramik- oder Porzellanvase gelegt, geben Ihrem Blumenarrangement einen guten Halt.

Der Frühling bricht überall hervor

○ Wenn während des Winters Blumen knapp sind, gehen Sie hinaus und schneiden einige Zweige oder Äste von Forsythien, Holzapfel, Weißdorn, Flieder und anderen Obstbäumen oder Büschen ab. Stellen Sie die Stengel in einen Eimer mit warmem Wasser, dann geben Sie einen in Salmiakgeist getränkten Wattebausch dazu. Stellen Sie Eimer und Zweige in eine Plastiktüte, die gut zugebunden wird. Bald werden die Ammoniakdämpfe Blüten auf den Zweigen hervorzaubern.

○ Zweige blühen leichter auf, wenn sie schon einmal Frost bekommen hatten.

Blumenkästen

○ Hölzerne Blumenkästen halten länger, wenn sie rundherum mit Leinöl gestrichen werden.

○ »Maulwurfserde« von der Wiese eignet sich hervorragend zum Füllen von Blumentöpfen und -kästen.

Rasen wie in England

Richtiges Gießen

o Den Rasen immer mit viel Wasser tränken. Der Boden sollte nachher mindestens 5 cm tief durchnäßt sein. Wenig Wasser schadet dem Rasen, weil die Wurzeln dadurch der Oberfläche entlang wachsen. Also lieber einmal in der Woche richtig gießen als jeden Tag oder alle paar Tage nur ein bißchen.

Ausgediente Gartenschläuche

o Wenn ein Schlauch ein Loch hat, macht man noch ein paar Löcher mehr hinein und verwendet ihn als Rasensprenger.

o Oder zerschneiden Sie ihn in kleine Stücke und polstern die Kanten des Schaukelbretts damit. Zum Kleben einen gut bindenden Klebstoff verwenden. Sollte sich ein Kind an der Schaukel anschlagen, wird ihm so nichts passieren.

o Isolieren Sie den Griff eines Schraubenschlüssels oder des Wagenhebers mit einem Stück Schlauch. Wenn Sie die Werkzeuge im Winter gebrauchen müssen, werden Ihre Hände nicht anfrieren.

Dünger

o Immer darauf achten, daß man Dünger mit einem möglichst hohen Anteil an Stickstoff kauft. Er ist zwar teurer, aber es lohnt sich.

o Nützen Sie die Hebelkraft aus: Verwenden Sie einen Besen oder eine Schneeschaufel, um einen schweren Sack Dünger oder Erde zu heben.

o Unter Bäumen mehr Dünger streuen als auf dem restlichen Rasen, damit das Gras genügend Nährstoffe hat und wachsen kann.

o Aus einer leeren Kaffeedose kann man einen Düngerstreuer machen, indem man Löcher in den Boden schlägt. Den Dünger einfüllen. Mit dem Plastikdeckel verschließen, schütteln.

Tips für das Rasenmähen

o Achten Sie darauf, daß die Messer immer scharf sind. Stumpfe Messer schneiden nicht, sondern reißen das Gras ab.

- o Wenn man die Messer mit Salatöl einreibt, wird das Gras nicht daran kleben bleiben.
- o Ziehen Sie das Kabel zur Zündkerze heraus, wenn Kinder allein zu Hause sind. So kann der Rasenmäher nicht anspringen, falls die Kinder damit herumspielen.
- o Einen Abfallsack an den Griff des Rasenmähers hängen, damit man Steine und Abfall immer gleich hineinwerfen kann.

Gras- und Unkrautvernichter
- o Auf gepflasterte Wege kochendes Salzwasser gießen und das Unkraut verschwindet.
- o Oder: Sie streuen etwas Salz zwischen die Platten eines Weges oder Ihrer Veranda.

Arbeit im Garten

Für saubere Füße
- o Gartenerde läßt sich leicht abkratzen, wenn Sie sich eine Fußmatte aus Kronenkorken herstellen. Nageln Sie diese Flaschenverschlüsse mit den Zähnchen nach oben auf ein Brett, und fertig ist diese wirkungsvolle Gartenhilfe.

Blumenzwiebeln
- o Tulpen-, Hyazinthen- oder Narzissenzwiebeln sollen doppelt so tief, wie sie dick sind, eingepflanzt werden.

Mini-Treibhaus für Stecklinge
- o Füllen Sie einen Blumentopf mit guter Pflanzenerde, stecken ein bestieltes Blatt einer Topfpflanze hinein, gießen es gut und bedecken alles mit einer dichten Plastiktüte. Nach 3–4 Wochen, wenn sich an der Plastiktüte Tropfen bilden, können Sie die Jungpflanzen umtopfen. Auch als individuelles Geschenk gut geeignet.

Kein Ärger mehr mit Löwenzahn
- o Wenn Sie vermeiden wollen, daß die Samen im ganzen Garten herumfliegen, schließen Sie den Staubsauger mit einem

möglichst langen, geerdeten Verlängerungskabel an, und saugen Sie die Samen von den Köpfen ab.

Gartengeräte

o Malen Sie auf Ihren Spaten mit rotem Nagellack eine Zentimetereinteilung auf. So werden Sie Pflanzen oder Blumenzwiebeln immer in die richtige Tiefe setzen.

o Ein altes Kissen, das man mit Plastik bezieht, eignet sich gut als Knieschoner für Gartenarbeiten.

o Wenn man die Griffe der Werkzeuge mit einer auffälligen Farbe anmalt, kann man sie leichter finden. Falls jemand dann ein Gartengerät von Ihnen ausleiht, wird ihn die Farbe daran erinnern, es Ihnen auch wieder zurückzugeben.

o Verwenden Sie einen Kinderrechen, um schwer erreichbare Stellen zu harken (z. B. unter Gebüsch und Sträuchern).

Hecken und Bäume

Tips für Bäume

o Bäume nicht zu nahe am Haus pflanzen. Die Wurzeln können das Fundament beschädigen.

o Setzen Sie sie auch nicht in die Nähe von anderen Gartenpflanzen. Wenn die Bäume groß sind, nehmen sie den Pflanzen Licht und Nährstoffe weg.

o Bevor Sie ein Loch ausheben, um den Baum zu pflanzen, legen Sie ein Stück Plastikfolie daneben und schaufeln die Erde auf das Plastiktuch. Wenn Sie das Loch dann wieder füllen wollen, die Enden des Tuchs anheben und die Erde einfach ins Loch zurückrutschen lassen.

o Bäume sollte man nicht in allzu feuchter Erde einpflanzen. Testen Sie die Stelle vorher genau, ob das Wasser gut abläuft, indem Sie das Pflanzloch mit Wasser füllen. Sollte das Wasser nach 12 Stunden nicht abgesickert sein, überlegen Sie es sich noch einmal.

Hecken schneiden

o Bevor man Hecken stutzt, bindet man in der gewünschten

Höhe an einem Ende der Hecke eine Schnur an und zieht sie ans andere Ende. Wenn die Schnur gerade verläuft, wird auch die Hecke nachher gerade sein.

○ Achten Sie darauf, daß Ihre Heckenschere immer scharf ist. Durch stumpfe Klingen entstehen Löcher, die kaum mehr aus der Hecke herauswachsen.

Alte Samen prüfen

○ Man nimmt ungefähr 50 Samen und legt sie zwischen nasses Zeitungspapier. Für die Keimung mit einem Teller zudecken. Nach fünf Tagen zählt man, wie viele Samen ausgeschlagen haben. So kann man ausrechnen, wie dicht man sähen muß: Wenn z. B. nur die Hälfte der Samen gekeimt hat, verwendet man das Doppelte der angegebenen Menge.

Ordnung und Sauberkeit

○ Um auch draußen die Hände waschen zu können, hängt man ein Stück Seife in einem leeren Früchte- oder Zwiebelnetz an den Wasserhahn. Man braucht die Seife zum Gebrauch gar nicht herauszunehmen.

○ Befestigen Sie beim Wasserhahn im Garten einen Haken oder einen gewöhnlichen Nagel. Wenn Sie die Düse vom Gartenschlauch abnehmen, hängen Sie sie immer dort auf, und Sie werden sie nicht verlieren.

Wissenswertes über biologisches Garteln

○ Küchenkräuter sind natürliche Insektizide. Pflanzen Sie verschiedene Sorten in Ihren Garten.

○ Basilikum in der Nähe von Tomaten hält Würmer und Ungeziefer fern.

○ Minze, Salbei, Dill und Thymian schützen Kohl, Blumenkohl, Broccoli und Rosenkohl vor Kohlmotten.

○ Zwiebeln und Knoblauch schützen Salat, Petersilie, Bohnen u. a. vor gefräßigen Schädlingen, vor allem vor Schnecken. Zwiebeln sollten auch in die Nähe von Karotten und roten Rüben gepflanzt werden.

○ Pflanzen Sie Meerrettich in die Nähe von Kartoffeln. Er vertreibt den Kartoffelkäfer.

o Anis und Koriander schrecken Blattläuse ab.

o Rettich nahe an Kohl gepflanzt, verscheucht Larven und Maden.

o Pflanzen Sie keinen Knoblauch in die Nähe von Erbsen und Kohl, nicht zu dicht an Erdbeeren. Diese Pflanzen vertragen sich nicht.

o Kaninchen lassen sich von Talkumpuder abschrecken. Lediglich etwas auf oder um die Pflanzen stäuben. Er hält auch Flöhe und Käfer fern. Wenn er durch den Regen weggewaschen wird, nachstreuen.

o Getrockneter Kaffeesatz säuert den Boden.

o Seifenlaugen sind ausgezeichnete Insektizide. Reichlich übersprühen.

o Pflanzen Sie einen zusätzlichen »Zaun« aus einer Reihe von Gemüsen um Ihren Garten. Die Wurzeln scheiden Sekrete aus, durch die viele Schädlinge am Eindringen in den Garten gehindert werden.

o Eierschalen nicht in die Mülltonne, sondern zerkleinert auf den Kompost werfen.

o Überbrühte Teeblätter sind guter Dünger für Rosen.

o Wenn Ameisen zur Plage werden, gießen Sie kochendes Wasser auf jeden Ameisenhügel bzw. auf die Nester unter den Gartenplatten.

o Streuen Sie Mottenkugeln in Ihrem Garten aus, um Kaninchen und andere Schädlinge davon abzuhalten, dort ihren Festschmaus zu halten.

Wenn Sie Früchte selber ernten wollen

o Wenn Sie Erdbeeren und Kirschen lieber selber essen wollen, hängen Sie Salzheringe als Vogelscheuchen auf.

Den Nagel auf den Kopf getroffen

Die besten Tips für Heimwerker

Schrauben und Nägel

Widerspenstige Schrauben

o Wenn Sie eine klemmende Schraube oder Mutter schon mit Salmiakgeist, Öl oder Wasserstoffsuperoxyd getränkt haben und sie immer noch festsitzt, versuchen Sie folgendes: Die Schraube mit dem Bügeleisen erhitzen und mit einem Hammer herausschlagen. Tragen Sie dabei eine Schutzbrille.

o Wenn eine Schraube mit einer Mutter nicht hält, egal wie fest man sie anzieht, versuchen Sie es mit zwei Muttern.

o Oder vor dem letzten Dreh mit dem Schraubenzieher farblosen Nagellack auf das Gewinde tupfen.

o Schrauben lassen sich leichter eindrehen, wenn man sie vorher in ein Stück Seife steckt.

o Die Spitze des Schraubenziehers so stark wie möglich erhitzen, dann Schraube herausdrehen.

o Oder einige Tropfen Wasserstoffsuperoxyd auf die klemmende Schraube tröpfeln und einige Minuten einwirken lassen.

Damit der Schraubenzieher nicht abrutscht

o Um Schrauben an schwer erreichbaren Stellen einzuschrauben, steckt man sie zuerst durch ein Stück Klebeband (mit der klebenden Seite nach oben). Mit dem Band kann man sie dann an der Spitze des Schraubenziehers befestigen.

o Oder die Schraube mit Klebstoff (am besten Rubber Cement) am Schraubenzieher ankleben. Erst einschrauben, wenn der Leim wirklich trocken ist. Wenn die Schraube festsitzt, kann man den Schraubenzieher ohne weiteres wieder abbrechen.

o Die Spitze mit Kreide einreiben.

Ist eine Schraube locker?

o Ein hölzernes Streichholz ins Loch stecken und abbrechen. Dann die Schraube wieder eindrehen.

o Einige Fusseln feiner Stahlwolle um die Schraubenrillen wickeln, dann wieder einschrauben.

o Die Schraube eines wackligen Möbelknaufs vor dem Einschrauben mit Nagellack bestreichen. Wenn der Lack getrocknet ist, hält die Schraube.

- Schraube in Klebstoff oder Kitt tauchen, und sie bleibt fest.
- Sollten sich Metallschrauben an Ihren Haushaltsgeräten immer wieder lockern, geben Sie einen Tropfen Schellack vor dem Anziehen unter den Schraubenkopf. Das fixiert sie.

Nicht zu tief gebohrt
- Damit man sich beim Löcherbohren in Holz oder Wand nicht verschätzt und evtl. zu tief bohrt, wickelt man farbiges Klebeband um den Bohrer an der Stelle, bis wohin der Bohrer eindringen soll. Besonders zu empfehlen, wenn man mehrere gleich tiefe Löcher bohren will.

Keine blauen Finger mehr
- Den Nagel mit einem Haarklip festhalten, wenn Sie ihn einschlagen wollen.

Druckstellen von Zangen vermeiden
- Wenn Sie einen Nagel mit einer gespaltenen Finne (Hammer, den man auch als Zange verwenden kann) aus der Wand ziehen, unterlegen Sie den Kopf des Hammers mit einem kleinen Stück Holz oder einer Zeitschrift. So entstehen keine Druckstellen. Die Hebelkraft wird dadurch auch größer.
- Beim Schraubstock: Die Backen mit Plastiktüten polstern, um Druckstellen zu vermeiden (z. B. die Plastikdeckel von Kaffeebüchsen verwenden).
- Es geht auch mit einem Schwamm oder Teppichresten.
- Bei Kneifzangen: Von einem alten Gummihandschuh zwei Finger abschneiden und über die Backen der Zange stülpen.

Kein Durcheinander mehr bei Schrauben und Nägeln
- Schrauben, Nägel, Muttern usw. sortieren und in Baby-Flaschen (mit Schraubverschlüssen) aufbewahren. Ein Loch in jeden Deckel bohren und unter dem Werkzeugkasten anschrauben. So hat jede Flasche ihren festen Platz, und man kann sie vom Deckel ab- und bequem wieder anschrauben.
- Muttern und Unterlegscheiben bleiben zusammen, wenn man sie auf eine große Sicherheitsnadel auffädelt. Die Sicherheitsnadel schließen und an einen Nagel hängen.

Ordnung ist das halbe Leben

Bei den Werkzeugen
o Runde Sägeblätter in leere Plattenhüllen stecken und auf ein Regal stellen. Die Hüllen mit Etiketten beschriften. Wenn nötig, das Regal so befestigen, daß Kinder nicht drankommen können.

Sich immer merken!
o Nach links lösen, nach rechts zudrehen.

Wacklige Stuhlbeine
o Sichern Sie ein lockeres Stuhlbein durch Umwickeln des herausgenommenen Zapfens mit einem dünnen Streifen aus einer Nylonstrumpfhose oder mit Zwirn, bevor Sie den Holzleim auftragen und das Stuhlbein wieder einfügen.

Wackliger Tisch
o Wenn Ihr Tisch wegen eines zu kurzen Beines wackelt, geben Sie etwas »Flüssiges Holz« aus der Tube auf Pergamentpapier, stellen das zu kurze Bein hinein und lassen die Masse gut trocknen. Dann die überstehenden Reste mit einer scharfen Klinge entfernen und mit Schleifpapier nachschleifen.

Rund ums Haus

Klemmende Schubladen
o Sie werden wieder leicht gleiten, wenn Sie etwas Kerzenwachs oder Seife auf den klemmenden Teilen verreiben.

Einen verrosteten Bolzen lockern
o Ein verrosteter Bolzen läßt sich oft lösen, wenn man einen Lappen darumwickelt, der in ein kohlensäurehaltiges Getränk getaucht worden ist.
o Einige Tropfen Salmiakgeist lösen gut.
o Vor dem Zusammenschrauben mit Zwirn umwickeln und mit Vaseline gegen künftigen Rost schützen.

Klebeverbindungen lösen
o Essig in eine kleine Ölkanne füllen und reichlich auf die Klebeverbindungen tröpfeln, um den alten Leim zu lösen.

Beim Schmirgeln und Schleifen
o Holzflächen zum effektiveren Schleifen erst anfeuchten, dann gut trocknen lassen.
o Ziehen Sie einen alten Nylonstrumpf über Ihre Hand und fahren damit leicht über die (Holz-) Fläche. Sie werden die kleinste rauhe Stelle feststellen können.

Haltbareres Schleifpapier und leichteres Schmirgeln
o Schleifpapier hält länger, arbeitet besser und bricht nicht so leicht, wenn es von hinten etwas angefeuchtet und dann um einen Holzklotz gewickelt wird.

Eine leckende Vase abdichten
o Die Innenseite mit einer dicken Schicht Paraffin überziehen und antrocknen lassen. Das Paraffin wird die Vase abdichten.

Sperrholz sägen
o Verhindern Sie das Splittern beim Sägen durch Aufkleben eines Streifens Klebeband über der Anschnittstelle.

Wie man einen Stahlpfosten in der Wand findet

o Halten Sie einen Taschenkompaß parallel zum Boden und rechtwinkelig zur Wand. Langsam entlang der Wandoberfläche bewegen. Die Kompaßnadel reagiert auf Stahl und verrät, wo der Pfosten sich befindet.

o Oder einen elektrischen Rasierapparat anstellen und sanft über die Wand gleiten lassen. Beim Stahlpfosten wird sich der Summton ändern.

Keine Schnurprobleme mehr

o Die Enden einer Schnur mit Schellack oder Alleskleber einstreichen, und sie wird sich nicht auflösen.

o Kunststoffkordeln oder -schnüre fasern nicht auf, wenn man die Schnittenden über einer kleinen Flamme schmilzt. Auch Knoten kann man auf diese Weise vor dem Aufgehen schützen.

Werkzeuge vor Rost schützen

o Ein Stück Holzkohle, Kreide oder einige Mottenkugeln in den Werkzeugkasten zum Absorbieren von Feuchtigkeit legen.

o Werkzeuge mit Autowachs einreiben. Bereits ein dünner Überzug genügt, um lange Zeit vor Korrosion zu schützen.

o Oder heben Sie kleine Werkzeuge in Sand auf.

o Stahlwaren, die wenig gebraucht werden, wickelt man in Ölpapier als Schutz vor dem Einrosten.

o Gebrauchte Scheren und Werkzeuge werden wieder glänzend, wenn sie mit einer Masse aus einer kleinen Tasse Kleie und heißem Wasser unter Zugabe von zwei Löffeln Essig und einem Löffel Salz stark eingerieben werden; mit Wasser nachspülen.

Kein Quietschen mehr

o Verwenden Sie ein nicht klebendes Pflanzenspray für quietschende Scharniere, klemmende Riegel, Fahrradketten, Rollerräder usw.

Tür klemmt

o Wenn die Tür klemmt, so reiben Sie die Enden mit Paraffin oder Bohnerwachs ein.

Ein Leck im Gasrohr finden

o Die Rohre reichlich mit Seifenwasser einschäumen. Austretendes Gas wird durch Blasenbildung die beschädigten Stellen verraten. Vorübergehend kann man sie abdichten, indem man ein Stück Seife anfeuchtet und auf die Stelle preßt. Wenn die Seife verhärtet, wird sie das Leck wirksam verschließen, bis der Installateur kommt.

Andere Tips für den Heimwerker

o Für genaues Bohren in Metall erst ein kleines Loch mit einem Nagel schlagen, dann einen kleinen Bohrer verwenden und mit dem gewünschten Durchmesser fertigbohren.

o Beim Bohren in Hartmetall zum Schmieren einige Tropfen Terpentin statt Öl auf die Bohrstelle tröpfeln.

o Etwas Petroleum auf die Metall-Handsäge geben, und sie geht viel leichter durch das harte Material.

o Tauen Sie eine eingefrorene Wasserleitung entweder mit einem Haarfön, mit einem Heizlüfter oder mit heißen, feuchten Umschlägen auf.

o Zum Bohren von Kachelfliesen klebe man vorher ein Stück Krepp-Klebeband auf die Bohrstelle, damit der Bohrer nicht abrutschen kann.

Keine Nagelprobleme mehr

o Nägel grundsätzlich schräg einschlagen.

o Größere Nägel gehen leichter in die Wand zu schlagen, wenn man sie vorher einseift oder mit Öl bestreicht.

o Sollen Nagelstellen unsichtbar bleiben, müssen Sie die Köpfe mit dem Versenker versenken und die Nagellöcher verkitten.

o Wollen Sie Nägel in leicht spaltendes Holz schlagen, so kneifen Sie vor dem Einschlagen die Nagelspitze ab.

o Um Nagellöcher in Holz zu füllen, mischen Sie Sägemehl mit Leim zusammen und stopfen die Löcher damit zu.

Wie finde ich unter dem Anstrich die Nägel?

o Schrauben und Nägel, die überspachtelt und überstrichen werden, sind leicht mit einem Magneten zu orten.

Vom Holzwurm zum Grünspan

Ist da der Wurm drin?

o Holzwürmer vertilgt roher Holzessig oder eine Mischung von 5 Gramm Karbolsäure in 100 Gramm Wasser. Mit einem Pinsel wird die Flüssigkeit in alle Fugen gebracht.

o Man kann auch Terpentin, Spiritus, Salmiakgeist oder reinen Alkohol (96 %) dafür nehmen.

Grünspan entfernen

o Halten Sie die Stelle über eine Spiritusflamme und erhitzen Sie sie stark, dann läßt sich der Grünspan anschließend leicht abreiben.

Beim Bilderhängen unnötige Löcher in der Wand vermeiden

o Schneiden Sie ein Papiermuster von jedem Bild oder Spiegel aus, die Sie aufhängen wollen. Wenn Sie die richtige Position für die Aufhänger gefunden haben, markieren Sie mit Bleistift die Wand.

o Bevor Sie Nägel in die Wand schlagen, bringen Sie an der Stelle ein X aus durchsichtigem Klebestreifen an. Dieser Trick verhindert, daß der Putz beim Einschlagen des Nagels herausbricht.

o Manchmal ist es hilfreich, Wandstellen mit dem nassen Finger zu markieren. Der Fingerabdruck trocknet spurenlos.

o Wenn der Vermieter keine Nägel in der Wand erlaubt, verwenden Sie Nähmaschinennadeln. Sie halten bis zu 12 Kilo aus.

Verrutschende Bilder sichern

o Etwas doppelseitiges Klebeband hinten an den vier Ecken des Rahmens anbringen und gegen die Wand pressen.

o Klebeband (klebende Seite nach außen) um runde Zahnsto-

cher wickeln und einige davon zwischen Bilderrahmen und
Wand klemmen.
○ Um den Bilderdraht etwas Klebeband oder Heftpflaster wik-
keln. Der Aufhängerdraht wird dann nicht so leicht über den
Nagel rutschen.

Arbeitsschürzen zum Wegwerfen
○ Nehmen Sie einen großen Abfallsack und schneiden Sie für
die Arme und den Kopf Löcher heraus. Für besonders
schmutzige Arbeiten ist diese Schürze schnell gemacht und
sehr praktisch.

Geklebte Gegenstände
○ Wäscheklammern (mit Federn) eignen sich gut dazu, um ge-
klebte Gegenstände zum Trocknen zusammenzuhalten.
○ Oder verwenden Sie einen Hosenbügel mit Klammern.
○ Bei sehr kleinen Gegenständen versuchen Sie's mit einem
kleinen Haarklip.

Tips für das Kleben
○ Wenn Sie feste Gegenstände kleben wollen, befestigen Sie
am Rand der beiden Teile ein Klebeband. Überschüssiger
Leim wird daran haften bleiben und kann nachher mit dem
Klebeband entfernt werden.
○ Wenn etwas besonders gut halten soll, den Klebstoff vor Ge-
brauch mit ein paar Fasern Stahlwolle vermischen.

Probleme beim Messen?
○ Mit einer Schnur kann man schwierige Stellen und auch um
Ecken herum messen.
○ Falls Sie alleine sind und ein längeres Stück abmessen wollen,
befestigen Sie das eine Ende des Meßbandes mit einem Kle-
beband. Das Meßband verrutscht dann nicht mehr.

Feilen reinigen
○ Die Feile der Länge nach mit Leukoplast bekleben und fest
andrücken. Wenn man es abzieht, werden Sägemehl und Spä-
ne daran haften bleiben.

Vorbeugen ist besser als Heilen

o Bevor Sie einen Gegenstand auseinandernehmen, der aus vielen kleinen Teilen besteht, kleben Sie ein doppelseitiges Klebeband auf Ihren Arbeitstisch. Die Teile in der Reihenfolge, wie Sie es auseinandernehmen, auf das Band kleben. So werden Sie beim Zusammensetzen keine Schwierigkeiten haben.

Müheloses Ölen

o Um schwer erreichbare Stellen zu ölen, stülpt man einen Strohhalm über die Ausgußvorrichtung der Ölkanne.

o Oder die Spitze eines Pfeifenputzers ins Öl tauchen und so zurechtbiegen, daß man die Stelle bequem erreichen kann.

Vaseline ist für vieles verwendbar

o Tupfen Sie etwas Vaseline auf einen langen Stock oder Besenstiel. Wenn ein sehr kleiner Gegenstand heruntergefallen ist, kann man ihn damit von einer schwer erreichbaren Stelle wieder herausholen.

Rasierklingen

o Sie werden sich beim Arbeiten nicht an der Rasierklinge schneiden, wenn Sie auf eine Schneidfläche ein Stück Kork stecken und als Griff verwenden.

o Oder die Klinge in einen leeren Steichholzbrief stecken (dort, wo normalerweise die Zündhölzer sind). Die untere Seite dient dann als Griff zum Arbeiten, und wenn man fertig ist, kann man die Klinge gleichzeitig auch gut geschützt darin aufbewahren.

Ein improvisierter Schleifstein

o Man nimmt einen Blumentopf aus Ton und macht ihn unten feucht.

Vorsicht mit Leitern

o Im Garten: Damit die Leiter nicht einsinkt, die Füße der Leiter in leere Thunfisch-Büchsen stellen.

o Im Haus: Die Leiter in Turnschuhe stellen.

- Für noch mehr Sicherheit: Wickeln Sie ein Stück Sackleinen um die unterste Sprosse der Leiter. Sie können Ihre Schuhe daran abwischen und werden auf der Leiter nicht ausrutschen.
- Trittleitern: Damit Werkzeuge nicht herunterfallen, um das oberste Brett herum eine Leiste anbringen.

Rohe Holzlatten
- Um Holzlatten zu lagern und vor Feuchtigkeit zu schützen, legt man sie auf alte Autoreifen.
- Sie können die Latten schneller abmessen, wenn Sie auf dem Boden Ihrer Werkstatt ein Meßband mit Zentimeter-Einteilung aufmalen. Bei der Wand anfangen, damit Sie die Latten gut anlegen können.

Die richtige Sicherung finden
- Wenn Sie in einem Zimmer den Strom abdrehen wollen und nicht wissen, welche Sicherung Sie dazu herausnehmen müssen, stecken Sie in dem Zimmer ein Kofferradio ein und stellen es so laut, daß Sie es am Sicherungskasten hören. Wenn Sie es nicht mehr hören, haben Sie die richtige Sicherung erwischt.

Zwischen Tür und Angel
- Beim Einhängen stützt man die Türe auf ein Bündel Zeitungen oder Zeitschriften. Es geht dann viel leichter.
- Zum Aushängen zuerst die untere Angel lösen und ein Buch unter die Tür klemmen. Erst dann die obere Angel aushängen. So wird die Tür nicht auf Ihrem Fuß landen.

Fenster reparieren
- Wenn Fenster klappern: Hühneraugenpflaster zum Polstern an den Rahmen kleben.
- Eine kaputte Fensterscheibe entfernt man, indem man auf beiden Seiten Zeitungspapier aufklebt. Trocknen lassen und die Reste der Scheibe vorsichtig herausbrechen. So entstehen keine Splitter, und man schneidet sich nicht daran.

o Ein kleines Loch in einer Scheibe kann man mit etwas Schellack oder farblosem Nagellack ausbessern. Ein paar Tropfen auf das Loch geben und trocknen lassen. Das wiederholt man so oft, bis das Loch gefüllt ist.

Knarrende Dielen?
o Schmierseife in die Ritzen füllen.

Keine schlaflosen Nächte mehr
o Quietschende Bettfedern kann man mit etwas Möbelpolitur aus der Spraydose zum Schweigen bringen.

Klempnerarbeiten
o Wenn Sie nicht sicher sind, ob die Spülvorrichtung ihrer Toilette undicht ist, geben Sie etwas Klo-Blau in den Spülkasten, und ziehen Sie die Spülung während mindestens einer Stunde nicht an. Wenn dann blaues Wasser in der Schüssel erscheint, ist Ihr Verdacht bestätigt und Sie sollten den Klempner rufen.
o Eine Schicht Vaseline auf dem Rand des Gummisaugers, den man zum Entstopfen von Abläufen und Toiletten verwendet, gibt ihm größere Saugkraft.
o Wenn Ihre Toilette verstopft ist und Sie keinen Gummisauger haben, versuchen Sie's mit sehr heißem Wasser: Sechs bis acht Eimer so schnell wie möglich in die Schüssel gießen. (Vorsicht, daß die Toilette nicht überläuft!) Dazwischen nicht anziehen.

Camping-Tische auffrischen
o Kleben Sie übriggebliebene Kachelfliesen auf die Tischplatte und malen Sie die Beine in einer passenden Farbe an. So haben Sie, ohne viel Geld auszugeben, einen originellen Tisch.

Gewellte Schallplatten
o Die Platte zwischen zwei Glasstücke (z. B. von Wechselrahmen) legen und einen Tag lang flach in der Sonne liegen lassen. Am Abend sollte die Schallplatte wieder brauchbar sein.

Rollenspiel

Die besten Tips zum Tapezieren und Malen

Rauhfaser- oder Blümchentapete?

Tapeten entfernen

o Nehmen Sie gleiche Teile Essig und warmes Wasser. Einen Farbroller oder Schwamm in die Lösung tauchen und die Tapeten gut nässen. Nach zweimaligem Auftragen löst sich die Tapete in großen Stücken ab. Merke: Ein Farbroller ist viel wirksamer als ein großer Malerpinsel.

Vor dem Tapezieren

o Probieren Sie's mit folgender Formel, um die nötige Zahl von Tapetenrollen für ein Zimmer zu bestimmen: Multiplizieren Sie den Raumumfang (in Meter) mit der Höhe, dann durch 5 teilen. Größere Öffnungen (wie Türen, große Fenster) abziehen. Das Ergebnis ist die Zahl der nötigen Rollen bei Tapeten ohne Verschnitt aufgrund des Musters. So stimmt die Rechnung nur bei »Normaltapeten« (50 cm breit, 10 m pro Rolle).

Tapezieren in Bad oder Küche

o In Feuchträumen nach dem Tapezieren alle Stöße der Tapete mit Klarlack überstreichen, damit sie sich nicht ablöst.

Tapeten flicken

o Wenn Sie einen Flicken zum Ausbessern abreißen (niemals schneiden), dann reißen Sie in Richtung der Rückseite der Tapete. Man wird dann die ausgebesserte Stelle kaum sehen.

Blasen unsichtbar entfernen

o Die Blase mit einem Rasiermesser einritzen. Mit einem Messer etwas Tapetenkleister unter die Tapete einführen. Mit einem nassen Schwamm glätten.

Weitere Tips für Tapeten

o Zum Lösen von Tapeten statt fertigen Tapetenlöser (gekauft) Wasser mit ein paar Tropfen Spülmittel verwenden.

o Vor dem Tapezieren die Wand mit einem ölhaltigen Grundierlack behandeln. Die Tapeten sind sonst kaum mehr zu

entfernen, wenn man sie später einmal wieder wegnehmen will.

o Mit einem Farbrolller läßt sich Tapetenkleister schnell und bequem verteilen.

o Verwenden Sie den Stiel eines großen Löffels, um Falten und lose Ränder glattzustreichen.

o Bei beschichteten Kunststoff-Tapeten eignet sich eine Gummiwalze gut dazu, um Blasen zu entfernen.

Nagellöcher markieren

o Wenn Sie ein Bild nach dem Tapezieren an derselben Stelle wieder aufhängen wollen, schlagen Sie vor dem Tapezieren einen dünnen Nagel ohne Kopf in das Nagelloch. Sobald Sie an der Stelle angelangt sind, können Sie die Nagelspitze durch die Tapete stecken.

Nicht nur nach Augenmaß

Damit nichts schiefgeht

o Die meisten Wände sind nicht ganz gerade. Streichen Sie die Ecken daher vor dem Tapezieren mit derselben Farbe wie die der Tapete. Stellen, an denen die Tapete nicht ganz abschließt, werden so nachher nicht sichtbar sein.

o Wenn man ein Lot zu Hilfe nimmt, wird man die einzelnen Bahnen bestimmt gerade aufkleben.

Tapetenreste aufbewahren

o Befestigen Sie Tapetenreste an einer Wand im Speicher. Wenn Sie eine Stelle ausbessern müssen, werden die Reste genauso verblaßt sein wie die betreffende Tapete.

Schmierflecken auf Tapeten

o Rühren Sie eine Paste aus Stärkemehl und kaltem Wasser an, auf den Flecken auftragen, völlig trocknen lassen und dann abbürsten. Wenn's beim ersten Mal nicht klappt, noch mehrmals versuchen.

○ Oder halten Sie ein sauberes Löschpapier auf den Fleck, und bügeln Sie mit einem warmen Eisen darüber. Mehrmals mit je einem frischen Löschpapier wiederholen. Verbleibende Spuren beseitigen Sie durch Reiben mit einem Tuch, das in Borax getaucht wurde.

Tapezieren von Brettertüren

○ Beim Tapezieren von aus Brettern oder einzelnen Holzfaserplatten bestehenden Trennwänden und verschalten Türöffnungen müssen die Bretter- oder Plattenfugen mit Gazestreifen überklebt und die Streifen mit Feinmakulatur überstrichen werden. Sonst würde die Tapete später an den Fugen reißen.

Tapetenrisse vermeiden

○ Tapetenrisse durch Nägel vermeidet man, wenn man vor dem Nageleinschlagen einen kleinen Kreuzschnitt in die Tapete schneidet, die Ecken zurückbiegt und sie nach dem Einschlagen andrückt. Nach Entfernen des Nagels klebt man die Ecken wieder an.

Kinderzimmer tapezieren

○ Es gibt sehr originelle Bildtapeten für Kinderzimmer. Dekorieren Sie nur eine Wand und nicht alle vier! So wirkt die Tapete wie eine riesige Bilderbuchseite. Am praktischsten sind natürlich die abwaschbaren Tapeten.

Unbezahlbare Tips

Kleine Putzrisse ausbessern

○ Wenn der Putz Risse hat, probieren Sie folgendes: Etwas Natron mit weißem Holzleim zu einer Paste verrühren. Mit dem Finger in die Risse streichen.

○ Oder mit Papiermacheé füllen, das man aus Zeitungspapier, Tapetenkleister und warmem Wasser anrührt.

Gips anrühren ohne Klumpen
o Wenn Sie Gips in Wasser rühren, statt Wasser in Gips, wird's keine Klumpen geben.

Ein weiterer Gips-Trick
o Den Aushärtungsprozeß bei Gips kann man durch die Zugabe von etwas Essig in die Mischung verlängern.

Nagellöcher vor dem Vermieter verstecken
o Zahnpasta hineinfüllen und mit einem feuchten Schwamm glätten.

Besser als Abdeckband
o Ziehen Sie ein paar alte Socken über Ihre Schuhe, um sie vor Farbspritzern zu schützen.
o Beim Malen immer kleine Plastikbeutel in Reichweite haben. Man kann sie als Handschuhe verwenden, wenn die Türglokke oder das Telefon klingelt.
o Oder einen Lappen um den Telefonhörer wickeln und mit Gummibändern festmachen.

Ein tragbarer Farbkübel

○ Aus einer leeren, gesäuberten Plastikflasche mit Henkel (z.
B. eines Weichspülers oder Allzweckreinigers) kann man
einen praktischen Farbkübel machen, indem man dem Henkel gegenüber ein Loch schneidet, das groß genug ist, um den
Pinsel bequem durchzustecken.

Keine Kleckse mehr auf dem Farbtopf

○ Streifen Sie den Pinsel nicht am Rand des Farbtopfs ab, sondern an einem Stück Draht, das Sie über die Öffnung spannen. Um den Draht zu befestigen, schlagen Sie mit einem Nagel in den Rand des Farbtopfes zwei Löcher (sie müssen einander gegenüberliegen). Die Enden des Drahts durch die Löcher ziehen, und fertig ist das Patent.

○ Um die Farbe in ein anderes Gefäß zu schütten, deckt man
den Rand des Farbtopfs mit Krepp-Klebeband ab. Nach dem
Umgießen das Klebeband wieder entfernen. Der Rand bleibt
so sauber, und der Farbtopf läßt sich immer noch fest verschließen.

Farbreste aufbewahren

○ Kunstharzdispersion in eine leere, gereinigte Plastikflasche
(z. B. eines Weichspülers) gießen und fest zuschrauben. So
kann man die Farbe gut schütteln, bevor man sie das nächste
Mal verwendet.

Bis zum letzten Tropfen

○ Mit einem ausgedienten Teigspachtel aus Gummi läßt sich
alle Farbe restlos aus einem Farbtopf herausholen.

Leichteres Umrühren

○ Ein paar Löcher in den Holzlöffel bohren, den man zum Umrühren verwendet.

Wenn Pinsel Haare verlieren

○ Den Pinsel vor Gebrauch mit einem alten Kamm durchkämmen. Lose Borsten fallen dann nicht erst beim Malen ab.

Weitere Tips zum Pinselreinigen

o Pinsel nie stehend im Lösungsmittel einweichen (die Borsten gehen sonst kaputt). Gießen Sie das Mittel in eine leere Kaffeedose. Schneiden Sie ein X in den Plastikdeckel ein, und stecken Sie den Stiel des Pinsels von unten durch die Schnittstelle. Der Pinsel hängt dann im Lösungsmittel.

o Mehrere Pinsel auf einmal reinigen: Man steckt ein Stück Draht durch die Löcher in den Pinselstielen und hängt sie so in das Lösungsmittel.

o Bei kleinen Pinseln: Den Stiel durch ein Stück Pappkarton stecken und die Pappe über die Öffnung einer kleinen Büchse Farbentferner legen.

o Klemmen Sie die Borsten der gereinigten Pinsel in eine Wäscheklammer. So bleiben die Borsten in Form.

Pinsel reinigen

o Ein neuer Pinsel wird viel länger halten und leichter zu reinigen sein, wenn man ihn vor dem ersten Benutzen 12 Stunden in Leinölfirnis einweicht.

o Harte Pinsel in heißem Essig aufweichen. Danach in warmer Waschlauge auswaschen.

o Pinsel und Farbroller in Wasser mit Weichspüler auswaschen. Sie bleiben dann schön weich und geschmeidig.

o Benutzen Sie eine alte Kaffeebüchse, gefüllt mit Farbverdünner, zum Reinigen von Farbpinseln. Wenn die Pinsel gesäubert sind, die Büchse verschließen und einige Tage stehen lassen. Die Farbe wird sich auf dem Boden absetzen, und den sauberen Verdünner kann man abgießen und wiederverwenden.

o Harte Borsten von Farbpinseln erweicht man in kochendem Essig, worauf man sie in Seifenlauge auswäscht.

Treppen

o Damit Sie die Treppe, wenn Sie sie neu streichen, trotzdem betreten können, malen Sie am ersten Tag nur jede zweite Stufe und erst am folgenden Tag den Rest.

o Oder man streicht immer nur die Hälfte jeder Stufe.

Fenster streichen

o Tauchen Sie den Pinsel nie ganz in die Farbe! Mindestens das obere Drittel der Borsten muß trocken bleiben. Auf diese Weise bleibt die Pinselbewegung stets elastisch, und die Farbe wird gleichmäßig verteilt.

o Saubere Kanten zwischen Scheibe und zu streichendem Rahmen bekommen Sie, wenn Sie rundherum ein Krepp-Klebeband auf die Scheibe kleben. Erst nach dem Trocknen des Anstrichs die Klebestreifen entfernen.

o Folgendes erspart schmutzige Scheiben: Zeitungen oder anderes Papier mit glatten Rändern mit warmem Wasser befeuchten. Die Fensterscheiben völlig mit dem Papier abdekken und dabei sicherstellen, daß das Papier dicht an den Rändern und in den Ecken anliegt. Das Papier wird haften, bis Sie mit dem Anstreichen fertig sind.

o Mit einem Riegel weicher Seife über die Scheibe reiben. Die Farbe bleibt dann nicht haften.

o Vor dem Anstreichen den schwer zugänglichen Schmutz aus den Ecken und Nuten mit einem alten Pinsel bzw. Spachtel entfernen.

Verspritzte Farbe auf Scheiben und Holz

o Für Öl- bzw. Kunstharz-Farbflecken auf den Scheiben benutzt man Nagellackentferner oder reinen Alkohol (96 %). Einige Minuten einweichen lassen, mit einem Tuch abreiben und mit warmer Seifenlauge abwaschen. Normalerweise geht die Farbe damit weg, egal, wie lange sie schon drauf war.

o Alte Flecken mit Terpentin aufweichen und mit einer Rasierklinge abkratzen. Das geht auch bei Spachtelkitt-Flecken.

o Frisch angetrocknete Farbe mit einer heißen Essiglösung vom Glas waschen.

o Vor dem Anstreichen andere, nicht zu streichende Holzteile mit Zitronenöl einstreichen. Wenn es Farbspritzer gibt, sind sie leichter wegzuwischen.

o Türscharniere, -klinken, Schloßschilder und andere Beschläge mit Vaseline abdecken, bevor man mit dem Malen beginnt. Das spart hinterher eine Menge Putzarbeiten.

Tropfenfänger

o Wenn Sie die Decke streichen wollen, fertigen Sie sich einen Tropfenfänger für Ihren Pinsel oder Farbroller aus einem Stück Karton. Schneiden Sie ein Loch in die Pappe, stecken den Stiel da durch und befestigen ihn mit festem Klebeband.

o Vor dem Anstreichen eines Stuhls oder Tisches legen Sie zum Auffangen von Farbtropfen Büchsendeckel unter jeden Fuß.

o Damit keine Farbtropfen auf Ihre Lampenkabel und Fassungen kommen, umwickeln Sie sie mit Plastiktüten.

Deckenwaschen vor dem Weißeln

o Bei stark verschmutzter bzw. durchgeschlagener Decke nehmen Sie 250 g Schmierseife und 4 l lauwarmes Wasser, lösen die Seife mit dem Wasser zu einer Lauge auf und waschen damit Decke und Wände ab. Resultat: Leichteres Arbeiten, gleichzeitige Isolierung und weniger Schmutz. Decke gut trocknen lassen und dann neu anstreichen.

Weiße Farbe vor dem Vergilben bewahren

o Einen Tropfen schwarzer Farbe in die weiße Farbe rühren.

Farbentferner für Gesicht und Hände

o Speise- oder Babyöl ist ein besserer Farbentferner als alle Lösungsmittel, weil es die Haut nicht angreift.

o Vaseline vorher auf exponierte Hautstellen reiben.

Passender Fensterkitt

o Mischen Sie den Kitt zuerst mit der Farbe, die zu der Farbe des Holzrahmens paßt.

Farbgeruch verbannen

o Zwei Teelöffel Vanille-Aroma auf den Liter Farbe geben.

o Einen großen Wassereimer mit einem Teelöffel Salmiakgeist im frisch gestrichenen Zimmer über Nacht stehenlassen.

o Oder geben Sie eine große geschnittene Zwiebel in einen großen Topf mit kaltem Wasser. In kurzer Zeit wird der Farbgeruch durch die Zwiebel aufgesogen.

Klumpige Farbe

- Das beste Sieb ist ein alter Nylonstrumpf.
- Ein alter Schneebesen eignet sich gut zum Farberühren.
- Schneiden Sie einen Kreis aus Drahtnetz, der etwas kleiner als der Büchsendeckel sein soll. Wenn das Netz absinkt, wird es alle Farbklumpen auf den Boden ziehen.

Farbmuster aufheben

- Nach dem Malen etwas Farbe auf einen Steckerleis-Stiel o. ä. auftragen. Dies ist später ein gutes Muster, um beim Einkaufen passende Farbe auszusuchen.

Farbreste aufheben

- Damit's keine Haut auf den Farbresten gibt, legen Sie Alufolie direkt auf die Oberfläche. Die richtige Größe bekommen Sie, wenn Sie die Büchse auf die Folie stellen und rundherum schneiden.
- Ölfarbe erhalten Sie frisch, indem Sie auf die oberste Schicht 4 Eßlöffel Waschbenzin geben. Vor der nächsten Benutzung aber nicht umrühren!

- Haben Sie kein Benzin zur Hand, genügt auch Wasser zum Bedecken.
- Die Deckel von Farbbüchsen dicht verschließen, und die Büchse auf den Kopf gestellt aufheben. Es entsteht keine Haut auf der Farbe.
- Vor dem Aufheben immer Farbton und Menge der Farbe außen auf der Büchse markieren.
- Kleine Reste hebt man in Nagellack- oder ausgedienten Medizin-Fläschchen auf. Das eignet sich gut für kleine Ausbesserungsarbeiten.
- Für ganz kleine Ausbesserungen benutzen Sie Wattestäbchen anstelle eines Pinsels.

Kein Ärger mit Fliegen

- Damit sich keine Fliegen oder andere Insekten dauernd auf einen frisch bemalten Gegenstand setzen, spritzen Sie vor Gebrauch etwas Insektizid in die Farbe.

Arbeitsunterbrechung beim Streichen

- Dauert die Lackierarbeit mehrere Tage, sparen Sie Zeit, indem Sie die Pinsel in Folie wickeln und einfrieren (einfach ins Gefrierfach des Kühlschranks legen). Vor dem Weiterarbeiten etwa eine Stunde auftauen lassen.
- Pinsel mit Lackfarbe oder Kunstharzdispersionen lassen sich vorübergehend in einem Konservenglas mit kaltem Wasser aufheben, indem man den Pinselstiel soweit durch ein Loch im Schraubverschluß des Glases steckt, daß die Borsten den Boden nicht berühren. Der Deckel auf dem Stiel kann gleichzeitig als Tropfenfang beim Malen dienen.
- Kunstharzdispersion: Wenn Sie Ihre Arbeit für einige Tage unterbrechen müssen, legen Sie den Pinsel oder Roller in einen Plastiksack. Pressen Sie die Luft aus dem Sack und schnüren Sie ihn fest zu. Die Farbe wird dann nicht austrocknen.
- Bei Ölfarbe den Pinsel in ein Gefäß mit Wasser legen. Bevor man weitermalt, gut ausschütteln.

Jetzt helfe ich mir endlich selbst!

Die besten Tips fürs Auto

Glänzende Karosserie

Bequemeres Autowaschen

o Sie brauchen dazu nur zwei Eimer Wasser und drei Frottier-
tücher. Den einen Eimer mit Seifenwasser füllen, den anderen mit klarem Wasser. Beim Dach anfangen und von oben
nach unten arbeiten. Immer eine Seite nach der anderen. Ein
Frottiertuch mit dem Seifenwasser zum Waschen verwenden,
das zweite mit dem klaren Wasser zum Spülen und das dritte
zum Trocknen. Das Auto wird nachher sauber sein, ohne daß
durch das Reinigen alles unter Wasser gesetzt ist. Wenn das
Auto sehr schmutzig ist, müssen Sie das Waschwasser natürlich mehrmals wechseln.

o Statt Ihr Fahrzeug mit Wasser und Seife zu waschen, versuchen Sie's doch mal mit einem Eimer Wasser und einer Tasse
Petroleum. Dann gut mit weichem Lappen nachwischen. Das
beste daran ist, daß – egal wie schmutzig das Auto ist – weder
vor dem Putzen alles unter Wasser gesetzt, noch hinterher gespült werden muß. Durch die Behandlung wird die Karosse-
rie wasserabstoßend und kann daher weniger leicht rosten.
Auch das Einwachsen kann man sich sparen.

o An heißen Sommertagen wäscht man das Auto am besten im
Schatten oder am Abend. So entstehen keine Putzstreifen.

o Mit dem Putzteil eines Mobs, den man wie einen Handschuh
anziehen kann, läßt sich das Seifenwasser bequem auf dem
Wagen einreiben und Schmutz lösen.

o Oder verwenden Sie dazu Teppichreste.

Hochglanz

o Etwas Stärkemehl zum Polieren auf den Lappen streuen.
Überschüssiges Wachs wird dadurch entfernt.

o Wenn Sie das Auto eingewachst und poliert haben, spritzen
Sie es mit kaltem Wasser ab und trocknen Sie es mit einem
Handtuch. Es wird spiegelblank.

o Fenster und Chromteile werden streifenlos sauber, wenn man
sie mit Zeitungspapier nachpoliert.

Auch innen sauber

o Für Kunststoffsitze und Armaturen: einen Glanzreiniger (für Böden) verwenden. Mit einem Tuch einreiben. Die Politur reinigt nicht nur, sondern verdeckt auch Kratzer und abgeschabte Stellen. Der Glanz kommt beim Trocknen von selbst. Die Sitze werden daher nicht klebrig.

o Oder versuchen Sie's mit einer Mischung aus 3 Eßlöffeln Natron auf 1 Liter warmes Wasser.

o Damit Fußmatten wirklich sauber werden, wäscht man sie mit ein paar alten Handtüchern in der Waschmaschine.

Kein Rost mehr

o Achten Sie darauf, daß das Auto immer sauber ist. – Außen, innen und auch auf der unteren Seite. Um das Auto von unten zu reinigen, legt man einen Rasensprenger darunter und dreht das Wasser ganz auf. Salz und andere Chemikalien, die sich im Winter unter dem Auto angesetzt haben, werden so gelöst.

o Wenn an einer Stelle die Farbe abbröckelt, sofort gründlich reinigen und mit farblosem Nagellack übermalen. So bildet sich kein Rost.

o Rostflecken an den Stoßstangen? Tauchen Sie ein Stück zerknüllte Aluminiumfolie in Coca-Cola und reiben Sie den Rost damit ab. Sie werden es nicht glauben, aber es nützt.

o Auch die handelsübliche, mit Seife getränkte Stahlwolle eignet sich.

o Petroleum hilft ebenfalls.

Lackkratzer

o Falls Sie keinen farblich passenden Lackstift zur Hand haben, kann man auch Wachsmalkreide nehmen und den Kratzer ausbessern. Mit farblosem Nagellack festigen.

Teerflecken entfernen

o Teerflecken mit Leinöl sättigen, bis sie weich werden. Dann mit einem weichen, mit dem Öl angefeuchteten Tuch abwischen.

Reifen

o Weißwandreifen: Zum Reinigen mit Seife getränkte Stahlwolle verwenden (es gibt die Stahlwolle so zu kaufen). – Und
Muskelkraft ist nach wie vor das beste Mittel.

In Eis und Schnee

Eisfreie Windschutzscheiben

o Wenn das Auto im Freien steht, klemmen Sie entweder die
Gummimatten aus dem Auto oder eine Plastikfolie mit den
Wischern auf die Scheibe. Sie ersparen sich das Kratzen am
Morgen.

Stellen Sie sich Ihr eigenes Frostschutzmittel für die Schei-
benwaschanlage her

o Eine Mischung aus 1 Liter Spiritus, 1 Tasse Wasser und 2 Eßlöffeln flüssigen Spülmittels ist bis -37°C frostbeständig.

Damit Sie nicht steckenbleiben

o Für den Fall, daß Sie in Eis oder Schnee steckenbleiben, legen Sie sich eine Packung Katzenstreu in den Kofferraum.
Das ist eine prima Anfahrhilfe.

Wenn Sie steckengeblieben sind

o Wenn weder Katzenstreu noch Sand oder eine Schaufel vor-
handen sind, legen Sie die Fußmatten unter die Antriebsrä-
der. Meistens bekommen Sie den Wagen damit alleine wieder
flott.

Scheibenwischer

o Wenn die Scheibenwischer abgenutzt sind, mit etwas Schleifpapier kräftig darüberreiben, und sie sind wieder fast wie neu.

o Schmutzige Scheibenwischer mit einer Mischung aus Backpulver und Wasser abschrubben.

Automatische Antennen

o Sie bleiben nicht stecken, wenn man sie ab und zu einfettet.

o Oder von Zeit zu Zeit mit Butterpapier abreibt.

Eingefrorene Schlösser öffnen

o Den Schlüssel mit einem Streichholz oder Feuerzeug erhitzen. Nie mit Gewalt vorgehen. Vorsichtig Schlüssel im Schloß drehen.

o Man vermeidet das Einfrieren der Schlösser, wenn man sie im Winter vor möglicher Nässeeinwirkung (besonders vor dem Waschen) mit Graphitstaub behandelt.

Glauben Sie, daß ein Fön Ihr Auto anspringen läßt?

o Bevor Sie an kalten Tagen den Pannendienst anrufen, erinnern Sie sich an folgendes: Der Motor wird wahrscheinlich anspringen, wenn Sie mit einem Haarfön heiße Luft auf den Vergaser blasen. Wirklich ... das funktioniert!

Salz von den Teppichen entfernen

o Nach dem Winter entfernen Sie Streusalzrückstände mit einer Lösung aus gleichen Teilen Essig und Wasser.

Weitere Auto-Tips

Schnell saubere Scheiben

o Soda beseitigt schnell Flecken und Straßenschmutz von den Windschutzscheiben, Scheinwerfern, von Chrom- und Metallteilen. Etwas Soda auf einen feuchten Schwamm streuen und wischen. Nachspülen.

o Benutzen Sie Kunststoffnetze (in die z. B. Zwiebeln oder Orangen verpackt waren), um die Windschutzscheibe von

Fliegenrückständen zu reinigen. Einfach mehrere Netze in eins stecken und damit über die Scheibe reiben.

Schutz vor Batterie-Korrosion

o Batterie-Anschlüsse und Kabel mit einer starken Natron/Wasserlösung abschrubben. Dann mit Vaseline einschmieren.

o Fetten Sie ein Münze auf einer Seite ein und kleben Sie sie mit einem Klebestreifen (mit der eingefetteten Seite nach unten) auf die Mitte der Batterie. So wird die Münze und nicht die Batterie angegriffen.

o Oder man besprüht die Pole der Batterie mit Farbe.

Immer ein weiches Autoleder

o Hartgewordene Auto- und Fensterleder kann man wieder gebrauchsfähig machen, wenn man sie in lauwarmes Seifenwasser legt, dem etwas Salmiakgeist zugesetzt wird. Ohne nachzuspülen, hängt man das Leder zum Trocknen auf.

Zigarettenkippen

o Kippen, die im Autoaschenbecher weiterglimmen, sind gefährlich. Verhindern Sie dies durch eine dünne Schicht Natron (oder Sand) im Aschenbecher.

Reifen

o Um zu testen, ob die Reifen noch genügend Profil haben, klemmen Sie ein 10-Pfennig-Stück in eine Furche. Wenn Sie die Zahl auf der Münze vollständig sehen, sind die Reifen abgefahren.

o Im Winter bei minus 10 Grad oder darunter sollte man nur Luft in die Reifen füllen, wenn es absolut notwendig ist. Lieber warten, bis es wärmer wird, da die Ventile der Reifen gefrieren können, und die Luft dann wieder herausgeht.

Garagentips

o Fahren Sie an kalten Tagen Ihr Auto rückwärts in die Garage, so daß sie im Notfall mit dem Starthilfekabel leicht an den Motor gelangen können.

○ Hängen Sie einen kleinen Gummiball an einer Schnur so von der Decke, daß er die Windschutzscheibe berührt, wenn Sie die richtige Position haben, um vorne nicht anzustoßen und hinten das Garagentor schließen zu können.

○ Die Winter- bzw. Sommerreifen – vorne an die Stirnwand der Garage gestellt – ergeben auch eine gute Parkhilfe.

○ Bei schmalen Garagen verhindert ein an die Längswände geklebter Schaumstoffstreifen, daß der Lack an den Türen abgeschlagen wird, besonders an der Fahrerseite.

Quietschende Türen und Fenster

o Wenn man kein Öl zur Hand hat, kann man bei einer quiet-
schenden Autotüre zur Not auch mit dem Ölmeßstab etwas
Motoröl auf die Angeln tropfen.

o Bei Fenstern: Die Gummidichtung mit einem Stück Seife abreiben.

Immer im Kofferraum dabei

o Handschuhe: Ziehen Sie sie an, wenn Sie einen Reifen wechseln müssen.

o Eine ausgediente Jalousie: Man kann sie auseinanderrollen
und als Matte verwenden, um beim Reifenwechseln sich nicht
schmutzig zu machen.

o Den oberen Teil einer leeren Plastikflasche (z. B. eines Allzweckreinigers): Abschneiden und umgekehrt als Trichter
verwenden.

o Rückstrahlendes Klebeband: Wenn ein Scheinwerfer kaputt
geht, beklebt man ihn mit dem Band, bis man zur nächsten
Werkstatt kommt und den Scheinwerfer richten lassen kann.

o Für lange Strecken füllt man eine leere Plastik-Spritzflasche
mit Mineralwasser oder Coca-Cola. Es gibt nichts besseres,
um die Windschutzscheibe zu reinigen.

o Etwas Backpulver und ein Plastiknetz (von Zwiebeln oder Zitronen): Streuen Sie das Backpulver auf das Netz und reiben
Sie im Winter die Scheinwerfer damit ab. Salzablagerungen
werden dadurch gelöst. Das Plastiknetz eignet sich auch gut,
um Insekten von der Windschutzscheibe und den Scheinwerfern zu entfernen.

o Einen Handfeger: Um im Winter den Schnee bequem vom
Auto wegwischen zu können.

o Ein großes Plastiktuch: Legen Sie den Kofferraum damit aus,
wenn Sie schmutzige Sachen transportieren müssen.

Tips für das Handschuhfach

o Erfrischungstücher hineinlegen. Es ist angenehm, die Hände
damit zu reinigen, wenn man an Selbstbedienungs-Tankstel-
len getankt hat.

o Und immer etwas Kleingeld zum Parken oder Telefonieren im Handschuhfach haben.

Für Regen-Fälle
o Verstauen Sie einen großen Plastiksack unter dem Sitz. In der Not eignet er sich gut als Regenmantel.

Rückstrahlendes Klebeband
o Ein paar Stückchen hinten an die Schmalseite der Türe beim Fahrersitz kleben. Von hinten herannahende Autos können so in der Nacht sofort sehen, wenn die Türe geöffnet wird.

Saubere Hände nach Reparaturen.
o Autoschmiere läßt sich mit Backpulver und Wasser entfernen. Oder waschen Sie Ihre Hände mit einem flüssigen Reinigungsmittel. Und kräftig reiben!
o Oder – bevor man sich am Auto zu schaffen macht – Hände, Ellbogen und Fingernägel mit Geschirrspülmittel einreiben. Trocknen lassen, aber nicht abwischen. Der Seifenfilm schützt die Haut vor Schmutz und Fett. Nach der Arbeit die Hände wie gewöhnlich mit Wasser und Seife waschen, und sie werden sauber sein.

Ideen muß man haben
o Wenn Sie mit dem Auto im Schnee, Sand oder Schlamm steckenbleiben und keine Schaufel haben, versuchen Sie's mit der Radkappe.
o Wenn einmal kein Trichter zur Hand ist, um Benzin aus einem Reservekanister nachzufüllen, rollen Sie eine Landkarte oder eine Zeitung zusammen und stecken sie als Trichter in den Tank.
o Brauchen Sie Wasser für den Kühler und wissen nicht, worin Sie es transportieren sollen? Dann nehmen Sie den Wasserbehälter der Scheibenwaschanlage.

Aus dem Auto ausgesperrt und weit und breit kein Draht?
o Nehmen Sie den Ölmeßstab, säubern Sie ihn, und schieben

Sie ihn durch die Gummidichtung zwischen Türe und Fenster. Versuchen Sie, damit das Schloß zu erwischen und zu öffnen. In den meisten Fällen wird Ihnen dieser Tip Erfolg bringen.

Den Garagenboden reinigen

o Bei Ölflecken: Katzenstreu oder Sand auf den Boden streuen. Beides saugt das Öl auf und kann dann einfach mit dem Besen zusammengefegt werden.

o Oder: Mit Waschbenzin einweichen, 30 Minuten einwirken lassen, dann unter Hinzugabe von weiterem Waschbenzin mit einer Drahtbürste schrubben. Gleich danach die Schmiere mit Saugwolle oder Zeitungen aufnehmen. Beton trocknen lassen. Dann mit einer Waschpulver-Lösung mit einer Tasse Bleiche pro vier Liter Wasser waschen. Wiederholen, bis die Flecken weg sind.

o Wo ein wenig Öl ausgelaufen ist, mehrere Lagen Zeitungspapier ausbreiten. Die Zeitung mit Wasser sättigen und fest auf den Boden pressen. Völlig trocknen lassen, entfernen, und die Ölspritzer werden verschwunden sein.

o Bevor Sie die Garage fegen, machen Sie kleine Stückchen Zeitungspapier naß und verstreuen Sie sie auf dem Boden. Die Zeitungspapierstückchen mit auffegen, so wird kein Staub aufgewirbelt.

o Anstelle von Zeitungspapier kann man auch frisch geschnittenes Gras verwenden.

Damit man den Tankdeckel nicht verliert...

o Befestigen Sie einen Magneten am Tankdeckel. So kann man den Deckel beim Tanken ans Auto stecken. Falls man einmal vergißt, den Tank zu schließen, ist die Chance groß, daß der Deckel noch da ist, wenn man zu Hause ankommt.

Wenn man das Auto in der Sonne stehen läßt...

o Die Sitze mit einem Handtuch zudecken. Sie werden dann nicht so heiß sein, wenn man zurückkommt.

Feste feiern, wann sie fallen

Die besten Tips für Geschenke, Partys und festliche Anlässe

Geschenke schön verpackt

Geschenkpapier aufbewahren

o Um alles beieinander zu haben, steckt man die Geschenkpapierrollen in einen hohen, schmalen Korb und befestigt an der Seite einen Beutel, in dem man Klebeband, Schere, einen Kugelschreiber und Karten aufbewahrt.

Schnelleres Schneiden

o Einen Ausziehtisch auseinanderziehen. Das Papier über den Spalt legen und mit einem scharfen Messer oder einer Rasierklinge schneiden.

Gebrauchtes Geschenkpapier weiterverwenden

o Zerknittertes Papier besprüht man auf der Rückseite leicht mit Wäschestärke und bügelt es mit dem warmen Eisen auf. Es wird wie neu aussehen.

o Gebrauchtes Band mit der Brennschere geradeziehen.

Ein Behälter für Schnur

o Verwenden Sie dafür eine leere Plastikdose. Machen Sie ein Loch in den Deckel, und stecken Sie die Schnur von innen durch das Loch.

Immer die passende Hülle

o Geschenke, die man verschickt, zum Beispiel in eine bunte Landkarte einwickeln.

o Hochzeitsgeschenke für den Haushalt: Ein gestreiftes Küchenhandtuch anstelle von Geschenkpapier benutzen und mit einem Topfschrubber aus Plastik oder Kupfer oder bunten Plastik-Eierlöffeln verzieren.

o Verwenden Sie Babywindeln, um ein Geschenk für ein Neugeborenes einzupacken. Die Windeln mit Sicherheitsnadeln festmachen.

o Für musikliebende Freunde Notenblätter verwenden.

o Kinder werden sich über Comics freuen. Verzieren Sie das Paket mit Bonbons oder anderen Süßigkeiten, oder zu Weihnachten mit einem Lebkuchenherz.

o Oder frische Blumen an die Schleife stecken. Damit sie nicht verwelken, feuchte Papiertücher und Alufolie um die Blumenstiele wickeln.

Geschenkpakete postfertig machen

o Wenn Sie Zeitungspapier zum Ausstopfen verwenden, tun Sie es in einen Plastikbeutel (z. B. von der Reinigung). Die Druckerschwärze wird dann nicht auf das Geschenkpapier abfärben.

o Die Schleife wird nicht zerdrückt, wenn man ein leeres Plastikkörbchen (z. B. von Erdbeeren) darüberstülpt.

Seien Sie diplomatisch

o Verlangen Sie bei Geschenken vom Verkäufer immer zwei Quittungen: eine (für sich) mit dem Preis und eine mit der genauen Beschreibung des Gegenstandes (ohne Preis). Legen Sie die ohne Preis dem Geschenk bei, falls es umgetauscht werden soll.

Eine kleine Aufmerksamkeit

o Machen Sie ein Photo, wenn Ihre Kinder mit einem Geschenk spielen (bzw. ein geschenktes Kleidungsstück anhaben), und schicken Sie das Photo als Dankeskarte.

Originelle Glückwünsche

o Anstatt eine Karte zu kaufen, macht man ein Photo von der Familie und läßt ein Familienmitglied ein Schild mit dem entsprechenden Glückwunsch halten (z. B. »Alles Gute zum Geburtstag«).

Kindergeburtstag

Eine goldene Regel

o Wenn Sie bei den Geburtstags-Partys nicht das ganze Haus voller Kinder haben wollen, lassen Sie Ihre Kinder sechs Freunde einladen, wenn sie sechs Jahre alt werden, sieben beim siebenten Geburtstag usw.

Tischkarten

o Machen Sie sie selbst: Schreiben Sie die Namen mit Schokolade auf weiß-glasierte Kekse, die Sie an jeden Platz legen.

o Oder an jeder Stuhllehne einen Luftballon mit dem entsprechenden Namen befestigen.

Ein Party-Knüller

o Mieten Sie als Geburtstagsüberraschung einen Kinder- oder Trickfilm (evtl. auch mit Ton), und laden Sie die Kinder für den Nachmittag ein.

Für später

o Wenn man jedes Jahr am Geburtstag eines Kindes die 1. Seite der Zeitung aufbewahrt und sie in ein Album klebt, haben die Kinder später einen interessanten Rückblick auf die Schlagzeilen.

Wenn die Bombe platzt

o Als Geburtstagsgeschenk einen 10-Mark-Schein zusammenrollen und in einen Luftballon stecken. Eine Anleitung mitschicken, daß man den Ballon aufblasen und dann hineinstechen soll...

Feste für Erwachsene

Einzugsparty

o Bringen Sie als Erkennungszeichen eine farbige Glühbirne vor der Haustüre an. Die Gäste werden Ihr neues Heim leichter finden.

Wenn Sie ein Diner geben

o Sie brauchen das Silber nicht erst in der letzten Minute putzen, wenn Sie es nach jedem Gebrauch in luftdichten Plastikbeuteln aufbewahren. So läuft es nicht an.

o Und nicht vergessen, das Tischtuch vorher mit Wäschestärke oder mit einem Wäschepflege-Spray zu besprühen. Flecken lassen sich dann leichter entfernen.

Diners bei Kerzenlicht

o Wenn dünne Kerzen nicht gerade stehen, wickelt man ein Gummiband unten um die Kerze, bevor man sie in den Kerzenständer stellt.

o Oder geben Sie etwas Blumenerde in den Kerzenhalter, und stecken Sie die Kerzen in die Erde.

o Kerzen, die für den Halter zu groß sind, mit einem heißen Messer abschaben, bis sie hineinpassen.

o Wenn man Kerzen auf einen Kerzenhalter mit einer Spitze steckt, zerbröckeln sie leicht. Das kann man verhindern, indem man vorher mit einem heißen Nagel ein Loch unten in die Kerze bohrt.

o Kerzen, die mit der Zeit stumpf aussehen, mit Möbelpolitur wieder auf Hochglanz bringen. Die Politur auf ein Tuch sprühen und einreiben.

o Kerzen können Sie tropffrei bekommen, indem Sie sie in Salzwasser legen. Zwei Teelöffel Salz pro Kerze und soviel Wasser, daß die Kerzen gut bedeckt sind.

o Kerzen brennen länger und tropfen weniger, wenn Sie sie vor Gebrauch mehrere Stunden in den Kühlschrank gelegt haben.

Süßer Duft für Gäste

o Bevor Ihre Gäste eintreffen, lassen Sie in einem Topf Zimt und Zucker langsam auf dem Herd warm werden. Der verströmende »Backgeruch« wird alle anderen Kochdünste übertönen und bei Ihren Gästen ein angenehmes Empfinden hervorrufen.

Ein großes Fischessen

o Damit Sie allen Gästen das Essen gleichzeitig servieren können, braten Sie die Fische und legen Sie sie nacheinander in eine Picknick-Kühlbox. Die Kühlbox vorher mit Haushaltspapier auslegen. Darin bleiben die Fische warm.

Party in Raten

o Ist Ihre Wohnung klein, die Zahl Ihrer Gäste jedoch groß, und Sie wollen nur einmal ein Fest ausrichten, dann versuchen Sie es doch einfach so: Die ersten 15 bis 20 Gäste laden Sie von 17 bis 19 Uhr, die nächsten von 18.30 bis 20 Uhr und den Rest von 19.30 bis 22 Uhr oder länger ein. So haben alle Gäste Gelegenheit, sich zu sehen, und doch wird es nicht zu voll werden.

o Oder arrangieren Sie eine Abendeinladung und eine Morgeneinladung gleich für den nächsten Tag. Die Blumen sind dann immer noch schön, und Sie brauchen nur einmal die doppelte Menge einzukaufen. Der abends übriggebliebene Schinken paßt zu einer schnell angefertigten Quiche, und das Obst wird zu einem Fruchtsalat.

Eine heiße Party

o Sparen Sie Heizkosten und denken Sie auch an das Wohlbefinden Ihrer Gäste. Stellen Sie die Heizung vor dem Eintreffen der Gäste herunter. Ein Raum voller Menschen heizt sich von selbst auf. Ein zu heißer Raum dämpft die Stimmung.

Raffinierte Tischkarten

o Drapieren Sie ein breites Gold- oder Silberband über jeden Teller, und schreiben Sie mit breitem Filzstift die Gästenamen darauf. Toll für Geburtstags- oder Jahresfeste.

Schönere Eiswürfel

o Legen Sie in jedes Eiswürfelfach ein Rosenblatt, und gießen Sie Wasser zum Einfrieren darüber. Das sieht im Drink ganz wunderbar aus.

o Oder versuchen Sie es mit ungespritzter Zitronenschale.

o Oder mit Erdbeeren, Himbeeren oder Kirschen.

o Oder mit Minzblättern.

o Oder kandierten Veilchenblüten.

Punsch und Glühwein

o Wein für Punsch oder Glühwein darf niemals kochen. Sobald sich weißer Schaum auf der Oberfläche bildet, das Getränk in große, feuerfeste Gläser gießen.

o Um zu vermeiden, daß das Glas springt, stellen Sie vor dem Einschenken einen silbernen Löffel in das Glas.

o Feuerzangenbowle mit guten Freunden zu brauen, ist ein besonderer Spaß. Verderben Sie sich die Freude aber nicht durch minderwertige Zugaben. Verwenden Sie nur guten Wein und echten Rum.

o Stecken Sie Pfefferminzstangen durch Orangen- oder Zitronenscheiben und lassen Sie sie in Ihrem Festtagspunsch als hübsche Garnierung schwimmen.

Der Geist in der Flasche

Sekt (Champagner)
o Wenn sich der Plastikkorken aus einer Sektflasche nicht lösen will, umspannen Sie den Flaschenhals mit der warmen Hand. Die so erwärmte Luft drückt den Korken sanft heraus.
o Ungenügend gekühlter Sekt läßt die Korken springen und das teure Naß ausschäumen.

Frische Bowle
o Setzen Sie die Bowle rechtzeitig an, damit sie gut durchziehen kann. Sekt oder Selterswasser erst zum Schluß dazugießen!
o Frieren Sie etwas Bowle im Eiswürfelbehälter ein und nehmen diese dann zum Kühlen der Bowle, so daß sie nicht verwässert wird.
o Füllen Sie die Bowlen-Schüssel vorher mit fließendem Kaltwasser und lassen sie so etwa eine Stunde stehen. Die Bowle wird so länger kalt bleiben.
o Oder füllen Sie kleine Luftballons mit Wasser und frieren Sie sie ein. Der farbige Eisballon wird schwimmen. (Waschen Sie aber die Ballons vorher gründlich!)

Und nach dem großen Fest?
o Angefangene Champagnerflaschen: Der Champagner bleibt noch eine Woche lang frisch und sprudelnd, wenn man einen

Grillspieß aus Chromnickelstahl in die Flasche stellt und sie mit einem Luftballon verschließt. Den Ballon mit einem Gummiband befestigen. Sie werden es nicht glauben, aber die Kohlensäure geht so nicht heraus. Oder trinken Sie die aufgebrochene Flasche doch lieber aus, falls Sie nicht mehr Auto fahren müssen.

Schaler Sekt

o Ist der Sekt – leider – schal geworden, werfen Sie eine Rosine in die Flasche. Sie wird den Geschmack nicht verändern aber durch den Zuckergehalt erneut Kohlensäure erzeugen. Dieser Rat stammt von einem Weinexperten.

Angebrochener Wein

o Wein, den man in Krüge abgefüllt hatte und einen Rest zurückbehält, in kleinere Flaschen füllen, so daß zwischen der Einfüllmenge und dem Korken noch etwas Luft gelassen ist. So kann er ohne allzu großen Geschmacksverlust im Kühlschrank aufbewahrt werden.

o Wenn Sie den Korken einer Weinflasche nicht mehr finden, machen Sie einen Kerzenstumpf weich, bis er in den Flaschenhals paßt. Aber erst hineinstecken, wenn der Kerzenstumpf nicht mehr tropft.

Grillparty

o Zur Vorbereitung einer auswärtigen Grillparty kann man daheim die benötigten Portionen Holzkohle in feste Papiertüten füllen und braucht sie an Ort und Stelle dann nur noch anzuzünden, ohne schmutzige Finger zu bekommen.

o Damit das Holzkohlenfeuer schneller glüht: Eine leere Kaffeedose ohne Deckel und Boden in den Grill stellen. Die Holzkohle in die Büchse füllen und die Anzünder dazugeben. Wenn die Holzkohle glüht, die Dose mit einer Grillzange entfernen, und die Kohle im Grill verteilen.

o Halten Sie immer ein Gefäß mit Wasser neben dem Grill bereit, und spritzen Sie bei Gefahr mit einem großen Löffel oder einer Kelle Wasser über die Flammen.

o Legen Sie Salatblätter auf die heiße Glut, wenn das tropfende Fett Feuer fängt und das Fleisch anfängt zu verbrennen.

Gute Tips zum Grillen

o Ölen Sie Ihre Steaks und den Rost vor dem Grillen immer gut ein. Das Fleisch wird dann nicht anhängen.

o Steaks, Koteletts o. ä. immer erst nach dem Grillen salzen. Ihre Hähnchen dürfen Sie dagegen schon vor dem Grillen mit Salz einreiben.

o Mageres Fleisch sollten Sie vor dem Grillen mit Speckscheiben umwickeln.

o Wann ist das Steak fertig? Wenn nach dem Wenden auf der Oberseite der Fleischsaft aus dem Steak perlt.

o Eine wichtige Faustregel für die Grillhitze: *Kleine Stücke* brauchen große Hitze und kurze Grilldauer. *Große Stücke* wollen dagegen geringe Hitze und längere Garzeit.

o Legen Sie Ihren Grillkorb mit Alufolie aus. Die Folie reflektiert die Hitze besonders gut, außerdem ist Ihr Grillgerät leichter zu reinigen.

o Wickeln Sie ungeschälte, gut gereinigte Kartoffeln in Alufolie und legen Sie sie an den Rand der Holzkohlenglut. Nach etwa 40 Minuten haben Sie eine köstliche Beilage zu Ihrem Grill-Steak.

o Nutzen Sie den besonderen Geschmack des Holzkohlengrills draußen im Freien aus und grillen noch einige zusätzliche Steaks darauf an. Frieren Sie dieses nur angebratene Fleisch ein. Später kann es dann fertig gegrillt werden, wird aber schmecken, als sei es draußen zubereitet.

o Eine besondere Geschmacksnote erreicht man bei gegrilltem Fleisch, wenn man in die Glut einige Wacholderbeeren, Lorbeer- oder Rosmarinblätter streut.

Gute Tips zum Marinieren

o Fleischstücke, die zum Grillen vorgesehen sind, in einen flachen Plastikbehälter legen und mit der gewünschten Marinade (Soße, Kräuter oder Öl) bedecken, Luft herausdrücken und fest verschließen. So kann das Fleisch zum Beispiel problemlos zum Picknickplatz transportiert werden.

o Hähnchen werden rascher gar, wenn sie vor dem Grillen etwa 15 Minuten im Topf vorgekocht wurden. Abtropfen lassen und dann etwa 30 Minuten in die Grillmarinade einlegen.

Strahlend saubere Grillgeräte

o Bevor Sie Töpfe oder Pfannen über offenes Feuer halten, reiben Sie die Böden doch kräftig mit Seife ein oder sprühen Rasierschaum darauf. Nach dem Kochen ist das Säubern der schwarzen Unterseiten dann kein Problem mehr.

o Den Grillrost reiben Sie mit Salatöl vor der Benutzung ein und säubern ihn, sobald er einigermaßen abgekühlt ist. Je eher, desto leichter die Reinigung.

o Zerknüllte Alufolie eignet sich gut, den noch warmen Grill bzw. den Grillrost zu säubern.

o Oder besprühen Sie den noch warmen Grill mit Fensterputzspray.

o Oder wickeln Sie den noch heißen Rost in nasses Zeitungspapier. Der entstehende Dampf reinigt ihn selbsttätig.

Tips fürs Gartenfest

o Füllen Sie ein paar Blumentöpfe mit Sand, und stellen Sie sie im Garten als Aschenbecher auf. Ihre Gäste werden die Zigarettenstummel nicht mehr auf den Rasen werfen.

o Wenn man alle Zutaten (Senf, Ketchup, Gewürze, Gurken usw.) in einen Topf stellt, braucht man nicht dauernd die einzelnen Flaschen und Dosen herumzureichen.

o Pappteller werden nicht weggeweht, wenn man Haftkleber (oder doppelseitiges Klebeband) auf die Unterseite der Teller klebt und dann fest auf die Tischplatte stellt.

Wenn einer eine Reise tut...

Die besten Reisetips

Bitte nichts vergessen

Alles unter Dach und Fach

o Wenn Sie Shampoo, Reinigungsmilch oder andere flüssige Kosmetikartikel in Plastikflaschen einpacken, pressen Sie etwas Luft aus der Flasche, bevor Sie den Deckel ganz zuschrauben. Dadurch entsteht eine Art Vakuum, und es wird verhindert, daß die Flüssigkeit ausläuft.

o Bei Nagellackentferner braucht man nicht die ganze Flasche mitzunehmen, wenn man ein paar Stückchen Watte mit der Flüssigkeit tränkt und sie in einem gut verschließbaren Gefäß aufbewahrt.

Plastikbeutel sind praktisch zum Packen

o Stecken Sie Ihre Schuhe hinein, damit die umliegenden Kleider nicht schmutzig werden.

o Einen großen Beutel für die schmutzige Wäsche nicht vergessen.

o Briefpapier und Briefmarken bleiben darin sauber.

o Flaschen mit flüssigen Arzneimitteln oder Parfümflaschen in Plastikbeutel packen. Wenn sie auslaufen, rinnt die Flüssigkeit nicht gleich in den Koffer.

Wichtige Dinge für das Hotelzimmer

o Ein Verlängerungskabel. Man weiß nie, wo sich der Stecker befindet.

o Eine helle Glühbirne, falls Sie mehr Licht zum Lesen oder für das Make-up brauchen.

o Ein Tauchsieder und Kaffeepulver oder Teebeutel. So ist man nicht auf den Zimmerservice angewiesen.

o Ein paar Wäscheklammern, um Hosen und Röcke an gewöhnliche Kleiderbügel anzuklammern.

»Bitte nicht stören«

o Hängen Sie dieses Schild am Abend, wenn Sie ausgehen, im Hotel an die Zimmertüre. So wird vielleicht nichts aus dem Zimmer gestohlen.

Anstelle eines Kinderbetts

o Eine sehr feste, flache Pappschachtel für das Baby mitnehmen. Die Schachtel im Hotelzimmer auf den Boden stellen und mit einer dicken Steppdecke auspolstern. Die Ränder der Schachtel halten auch Zugluft ab.

Wenn's in die Luft geht

Angst vorm Fliegen

o Ziehen Sie während eines längeren Fluges niemals enge Schuhe an, weil die Füße in einer Höhe von mehr als 1500 m gern anschwellen.

o Durch den Druck in der Kabine wird dem Körper Wasserstoff entzogen. Wenn man jede Stunde ein Glas Wasser trinkt, wird man sich bei der Ankunft besser fühlen.

Weniger Verluste

o Gepäck, das verlorengeht, ist meistens sehr spät eingecheckt worden. Versuchen Sie also möglichst früh zu sein, mindestens ½ Stunde vor der Abflugzeit.

o Bleiben Sie beim Einchecken stehen, bis Ihr Koffer mit dem Anhänger versehen auf dem Förderband ist. So ist er auf jeden Fall beim Abflug nicht vergessen worden.

Das Gepäck sofort erkennen

o Ein Stückchen Garn in einer auffälligen Farbe am Griff des Koffers befestigen, damit man ihn bei der Ankunft sofort erkennt.

Mit Kindern im Flugzeug

o Babys: Beim Abflug und bei der Landung die Flasche oder den Schnuller zum Lutschen geben, um den Druck in den Ohren zu verringern.

o Für größere Kinder: Bonbons oder Kaugummi bereithalten.

o Wenn die Kinder schlafen sollen, denken Sie daran, daß mehrere Gläser Cola ebensoviel Koffein enthalten wie eine Tasse Kaffee. Geben Sie ihnen also etwas anderes zu trinken.

Kaputte Koffer reparieren

o Einen kaputten Griff kann man durch ein Hundehalsband ersetzen. Das Halsband durch die Metallringe ziehen und zumachen.

o Wenn der Zugriemen bei Koffern auf Rädern verlorengegangen ist, eignet sich eine alte Hundeleine gut als Ersatz.

Für Weltenbummler

In einer fremden Stadt

o Im Ausland: Am Anfang immer einen Prospekt des Hotels mitnehmen. Falls Sie das Hotel nicht wiederfinden, wird man Ihnen so auf alle Fälle helfen können.

o Und wenn man Taxifahrern eine Ansichtskarte der Sehenswürdigkeiten zeigt, die man besichtigen möchte, entstehen immerhin keine sprachlich bedingten Mißverständnisse.

o Denken Sie schon zu Hause an den Einkaufsbummel: Packen Sie einen zusammenfaltbaren Stoffkoffer mit ein. Beim Rückflug können Sie so alle Sachen, die Sie verzollen müssen, in den zweiten Koffer geben und sparen Zeit beim Zoll.

Auf alles vorbereitet

o Brillenträger: Immer eine Reservebrille mitnehmen oder eine Kopie des Rezepts.

o Rezeptpflichtige Medikamente: Achten Sie darauf, daß das Medikament in der Originalflasche ist, falls Sie Nachschub brauchen. Zur Sicherheit auch eine Kopie des Rezepts dabeihaben.

o Und die chemische Bezeichnung des Medikaments aufschreiben. Die Namen sind in jedem Land verschieden.

Fotoapparate

o Wenn Sie neue, ausländische Fotoapparate, Uhren oder Tonbänder mit in die Ferien nehmen, lassen Sie sie vorher von ihrem Heimatzollamt registrieren. So können Sie später nicht verdächtigt werden, die Geräte erst in den Ferien gekauft zu haben.

o Bei Sicherheitskontrollen an Flughäfen: Wenn man auch die Kamera durchleuchten lassen muß, vergessen Sie niemals, den Film vorher herauszunehmen. In gewissen Ländern sind die Strahlen so stark, daß der Film dadurch zerstört werden könnte.

Kreuzfahrten

o Erinnern Sie sich an die alte Weisheit: Je kürzer eine Kreuzfahrt, desto jünger die Passagiere.

Mit dem Auto unterwegs

Platz und Mühe sparen

o Bettwäsche in Wäschesäcke geben. Die Säcke zuziehen und auf den hinteren Sitz legen. Die Kinder haben dann zum Schlafen gleich ein bequemes Kissen.

o Und nicht vergessen, den Wagenheber und das Werkzeug zuletzt in den Kofferraum zu packen. Falls man eine Panne hat, ist so alles gleich zur Hand.

Eine Beschäftigung für die Kinder

o Nehmen Sie ein Album, Schere und Klebstoff mit. Sammeln Sie tagsüber Postkarten, Speisekarten und andere kleine Souvenirs, und lassen Sie die Kinder jeweils am Abend all die Dinge ins Album kleben. So sind sie auf der Fahrt beschäftigt und werden außerdem auch eine nette Erinnerung an die Reise haben.

o Und ein paar Springseile nicht vergessen, damit sich die Kinder am Rastplatz austoben können.

Herzliche Grüße

o Alle Adressen, an die man aus den Ferien Postkarten schikken möchte, schon zu Hause auf selbstklebende Etiketten schreiben. So muß man nicht das ganze Adreßbuch mitnehmen und weiß immer gleich, wem man noch zu schreiben hat.

Auf dem Camping-Platz

Wäsche waschen

o Man füllt einen fest verschließbaren Plastikbehälter mit Wasser, fügt das Waschmittel hinzu und legt die schmutzige Wäsche hinein. Den Behälter während der Fahrt in den Kofferraum stellen. So wird die Wäsche auf dem Weg zum nächsten Camping-Platz gut durchgeschüttelt und bei der Ankunft sauber sein.

Damit der Haken für den Wohnwagen nicht rostet

o Einen Schlitz in einen alten Tennisball schneiden und den Ball so auf den Haken (am Auto) stecken, daß er eng anliegt. Das Metall bleibt dann trocken und ist vor Rost geschützt.

Taschenlampen

o Kleben Sie den Schalter mit einem Klebeband fest, bevor Sie die Taschenlampe einpacken. So wird sie im Koffer nicht aus Versehen eingeschaltet.

o Ein Regenschutz für die Taschenlampe: Man gibt sie in einen durchsichtigen Plastikbeutel, den man mit einem Gummiband verschließt. Die Taschenlampe kann im Plastikbeutel bequem an- und abgeschaltet werden.

Zündhölzer

o In Alufolie wickeln, damit sie nicht naß werden.

Und nach der Reise

o Legen Sie ein Stück gut riechende Seife in den Koffer, bevor Sie ihn wieder wegräumen. So wird er auch bei den nächsten Ferien angenehm riechen.

o Oder man gibt ein kleines Stückchen Aktivkohle (in Blumengeschäften erhältlich) oder zusammengeknülltes Zeitungspapier in den Koffer, um modrige Gerüche fernzuhalten.

Organisation ist alles

Die besten Tips für Haus- und Familienangelegenheiten

Der Umzug

Abschied

o Bevor man umzieht, das alte Haus und dessen Umgebung, die Schule und Freunde der Kinder, die Nachbarn usw. fotografieren. Es wird eine schöne Erinnerung sein.

Mehr Information

o Allen Freunden unbeschriebene, aber schon frankierte Postkarten mit der neuen Adresse geben (oder schicken). Sie werden sich eher melden.

o Falls es in Ihrem neuen Ort eine Lokalzeitung gibt, abonnieren Sie sie vor dem Umzug für ungefähr einen Monat. Sie werden sich in der neuen Umgebung nicht so fremd fühlen, wenn Sie schon wissen, was dort vor sich geht.

Tips für das Packen

o Nicht vergessen: Die Sachen, die man zuerst braucht, muß man zuletzt in den Möbelwagen packen.

o Beziehen Sie die Matratzen mit Stretch-Leintüchern. So werden sie nicht beschädigt oder schmutzig.

o Zerknülltes Zeitungspapier in Plastikbeutel geben und zum Ausstopfen verwenden.

o Pappkartons mit Fächern (z. B. von Weinflaschen) eignen sich gut, um Gläser und andere zerbrechliche Dinge zu verpacken.

Das Wichtigste

o Packen Sie alle Sachen, die Sie sofort brauchen werden, wie zum Beispiel Bettwäsche, Glühbirnen, Kleider zum wechseln, Seife usw. in eine Kiste, und beschriften Sie sie mit »WICHTIG«! Um sicherzugehen, daß sie nicht verräumt wird, können Sie sie auch selbst transportieren.

Schwere Möbel

o Zum Transportieren je ein Teppichstückchen (mit der Oberseite nach unten) unter die Möbelfüße legen. Der Teppichflor gleitet gut auf Kunststoffböden.

o Wenn Sie keine Umzugsgurte haben, schnallen Sie mehrere Ledergürtel zusammen, und versuchen Sie's damit.

Den Umzug von der Steuer abziehen

o Umzugskosten können möglicherweise von der Steuer abgezogen werden. Vergessen Sie daher nicht, alle Rechnungen (für das Packen, Verladen usw.) in einem Ordner abzulegen.

Der Familien-Sekretär

Schreibsachen

o Wenn ein Radiergummi schmiert, säubern Sie ihn mit feinem Schleifpapier oder einer Nagelfeile.

o Schreibt Ihr Kugelschreiber nicht mehr, obwohl die Mine noch nicht leer sein kann? Dann ist vielleicht das Papier schuld. Reiben Sie mit einem weichen Radiergummi über das Papier, und Sie werden wieder schreiben können.

o Bei ausgetrockneten Filzstiften: Den Deckel am unteren Ende abnehmen und ein paar Tropfen Wasser hineingeben. Wieder zumachen und wie einen Thermometer schütteln.

o Stellen Sie Filzstifte immer mit der Spitze nach unten in ein Gefäß. So halten sie länger.

Schreibmaschinen

o machen weniger Lärm, wenn Sie eine Gummimatte darunter legen.

o Die Tasten reinigt man mit einem in Spiritus getränkten Wattebausch, falls Sie keinen Typenreiniger zur Hand haben.

o Flüssiger Korrekturlack läßt sich mit Essig von der Schreibmaschine oder vom Tisch entfernen.

Flinke Finger

o Um einen Stoß Papier durchzublättern, etwas Zahnpasta auf die Fingerspitzen reiben und trocknen lassen. Es geht so leichter.

o Oder man taucht die Finger in eine Mischung aus drei Teilen Glycerin auf einen Teil Wasser.

Nasse Bücher trocknen

○ Damit die Seiten beim Trocknen keine Wellen bekommen, legt man immer ein Papiertuch zwischen die Seiten, schließt das Buch und beschwert es zum Trocknen.

Telefonnummern

○ Alle wichtigen Telefonnummern auf ein kleines Kärtchen schreiben. Die Karte mit durchsichtiger Klebefolie beziehen und ans Telefon kleben. Für Notfälle ist das eine große Hilfe.

○ Notieren Sie Adressen und Telefonnummern mit einem Bleistift. Bei Änderungen können Sie problemlos korrigieren.

○ Bei Adressen, die mit Tinte geschrieben sind, kleine Etiketten (für Adreßkarteien) verwenden, falls Sie sie ändern müssen.

Briefmarken aufkleben

○ Briefmarken, die nicht mehr kleben: Man macht bei einem Kuvert die Klebebeschichtung etwas feucht und reibt die Briefmarke darüber.

Wenn Briefmarken zusammenkleben

○ Mit dem warmen Bügeleisen darübergehen. Die Briefmarken auseinandernehmen, bevor der Klebstoff wieder fest wird.

○ Oder man füllt eine flache Schüssel mit Wasser und weicht sie darin ein. Anschließend vorsichtig unter etwas laufendem Wasser auseinanderziehen und (mit dem Bild nach unten) auf Papiertüchern trocknen lassen.

Post verschicken

○ Bei Paketen die Adresse mit durchsichtigem Klebeband überdecken. So wird die Schrift nicht verschmiert.

○ Damit Fotos nicht beschädigt werden, legt man sie zum Verschicken zwischen zwei Stückchen Pappe. Die Ecken mit Büroklammern zusammenhalten.

○ Wenn Sie einem kranken Freund etwas ins Krankenhaus schicken wollen, schreiben Sie als Absender seine Adresse zu Hause. Falls der Gruß ankommt, wenn er schon entlassen ist, wird ihm die Post automatisch nachgeschickt.

Ein Kuvert wieder öffnen

o Es funktioniert zwar nicht immer, aber wenn Sie ein Kuvert noch einmal öffnen wollen, weil Sie etwas vergessen haben, drücken Sie die Klebestelle an eine heiße Glühbirne. Manchmal ist das Kuvert so zu öffnen.

o Oder halten Sie die Stelle über die Tülle eines kochenden Wasserkessels.

Nützliche Rückantwort

o Bewahren Sie frankierte Kuverts für Rückantworten auf, die Sie manchmal zusammen mit Werbesendungen bekommen. Sie brauchen nur die aufgedruckte Adresse mit flüssigem Tipp-ex zu überstreichen oder einen Aufkleber mit der neuen Adresse darüberzukleben.

Schluß mit den Eselsohren

o Bekommen Ihre Schreibblöcke auch immer Eselsohren oder aufgerollte Ränder? Wenn Sie die geheftete oder gleimte Kante nach unten zu sich legen und das lose Blattende nach oben, bleiben die Seiten wie neu.

Zur Erinnerung

Für spätere Kindheitserinnerungen

o Legen Sie Zeichnungen, Schulaufsätze und andere Dinge von Ihren Kindern regelmäßig in eine Schachtel und bewahren Sie sie auf. Schauen Sie die Schachteln alle paar Jahre durch, um Unwichtiges auszusortieren. Verschließen und beschriften Sie sie dann, und heben Sie sie an einem sicheren Platz auf.

Familienbilder

o Familienfotos in einen Karteikasten einordnen und die Registerkarten nach Jahr, Ereignis oder Ort unterteilen. Wenn man etwas sucht, findet man es dann sofort.

o Stecken Sie die Negative in Kuverts, und ordnen Sie sie zu den entsprechenden Aufnahmen ein.

Nicht weitersagen!

Meine 20 schlausten Geheimtips

Von 1 bis 20

1. Dinge, Die man im ganzen Haus sucht und nicht findet, legt man am besten dorthin zurück, wo man sie zuerst vermutet hat. Da gehören sie meistens auch hin.

2. Kinder, die nicht in die Badewanne wollen: Erklären Sie ihnen, daß der letzte, der ein Bad nimmt, die Wanne auch reinigen muß.

3. Sehr enge Hosen oder Blue-Jeans sind im Liegen leichter zuzumachen.

4. Falls Sie einen Bekannten haben, der am Telefon wie ein Wasserfall redet und durch nichts zu bremsen ist, nehmen Sie Hintergrundgeräusche auf Tonband auf. Die Hausglokke oder Kindergeschrei sind für den Anfang zum Beispiel sehr wirkungsvoll.

5. Wenn Sie Ihren Mann nach Hause kommen hören und immer noch im Bett liegen, tupfen Sie sich etwas flüssiges Reinigungsmittel hinter die Ohren. Er wird glauben, Sie hätten den ganzen Tag sauber gemacht und wird Sie zum Essen ausführen.

6. Ist die Wohnung wieder einmal so unordentlich, daß man vor lauter Arbeit nicht weiß, wo man anfangen soll? Setzen Sie einfach die Brille ab, und alles wirkt nur halb so schlimm.

7. Kinder streuen weniger Zucker auf ihren Brei, wenn man den Zucker in ein Salzfaß füllt.

8. Möchten Sie weniger essen? Dann essen Sie mit chinesischen Stäbchen oder vor dem Spiegel.

9. Möchten Sie, daß die Kinder anfangen, im Haushalt mitzuhelfen? Spielen Sie »Restaurant«: Die Kinder sind die Kellner und Sie und Ihr Mann die Gäste.

10. Bei Essenseinladungen werden die Gäste das Essen besonders genießen, wenn man sie warten läßt, bis sie wirklich hungrig sind.

11. Damit Kinder lernen, ihre Sachen selbst aufzuräumen, verlangt man 50 Pfennig für jeden Gegenstand, den man von ihnen findet.

12. Damit es keinen Streit mehr über Fernsehangebote und

-zeit gibt: Anfang der Woche die Fernsehzeitschrift mit allen Familienangehörigen durchlesen und die Sendungen auswählen.

13. Ihr Mann muß jede Minute nach Hause kommen, und Sie haben noch nicht angefangen zu kochen? Braten Sie eine Zwiebel in etwas Öl an. Es wird nach »Essen« riechen, und er wird die Verspätung gar nicht bemerken.

14. Um Kindern das Jammern oder Petzen abzugewöhnen, gibt man ihnen eine beschränkte Anzahl von Beschwerde-Karten. Vor jeder Beschwerde sollen sie Ihnen dann eine Karte abgeben. Die Kinder werden sich das Petzen in Zukunft sicher zweimal überlegen.

15. Wenn sich Ihr Mann über die Unordnung in der Wohnung beschwert hat und Sie nicht zum Saubermachen gekommen sind, rücken Sie einfach die Möbel zurecht. Es wirkt Wunder.

16. Soll die Zahl der Kerzen auf einem Geburtstagskuchen nicht sofort überblickbar sein (z. B. bei Ihrem eigenen Geburtstag), stecken Sie die Kerzen in Form eines Fragezeichens auf den Kuchen.

17. Kinder, die nicht aus der Badewanne wollen: Einfach den Stöpsel herausziehen.

18. Wenn man kranken Kindern die Zeit im Bett zu angenehm macht, dauert es vielleicht länger, bis sie wieder gesund sind.

19. Wenn Sie selber einmal krank sind, legen Sie eine Pfeife oder Glocke auf den Nachttisch. So können Sie sich bemerkbar machen, falls Sie etwas brauchen.

20. Und nicht vergessen: Wenn man keine Zeit zum Waschen hat, kann man Leintücher auch einmal umdrehen, damit sie sauberer aussehen.

Stichwortverzeichnis

Abfalleimer 174
Abtropfgestell reinigen 82
Abtropfmatte reinigen 82
Äpfel 46
Ärmel, Bügelfalten in den 126
Alkoholflecken 99
Ameisen-Plage 175
Ananas 46
Anfahrhilfe 216
Angebranntes 75f
Angora-Pullover 119
Antennen, automatische 217
Arbeitskleidung, Reinigen der 122
Arbeitsplatte reinigen 82
Arbeitsschürzen 197
Armaturen, Reiniger für 90
Artischocken 15
Aspik 76
Auberginen 15
Aufhänger, verschiedene 124
Aufräumen 137f
Auftauen 59
Augen
-brauenzupfen 154
–, entzündete 154
–, müde 154
–, schöne 154
-tropfen 163
–, überanstrengte 154
Auto
–, Anspringen des 217
-fahrten 238
-fenster, quietschende 220
–, Innenreinigung des 215
–, Lackkratzer am 215
-leder, weiches 218
–, Polieren des 214
–, Rost am 215
–, Teerflecken am 215
-türe, quietschende 220
-waschen 214
Ausland 237
Ausmotten 138
Austern 35
Avocados 46

Baby, Baden des 159
Baby-Flasche, Temperatur der 158
Baby-Schuhe 160f
– putzen 161
Backform, unsichtbares Bestäuben der 42
Backofen reinigen 80f
Backpulver-Ersatz 37
Backtips, diverse 42
Badewanne säubern 89
Badewasser, weiches 153
Bäume 186ff
Bambusmöbel 98
Bananen 47
–, eingefrorene 56
–, Frischhalten von 52
Basilikum 61
Basteln mit Kindern 164
Batterie-Korrosion 218
Batterien 70
Baumwollbezüge, verschmutzte 98
Beerenobst 47
Beete, rote s. Rüben, rote
Beifuß 61
Benzin, Reinigen mit 121
Besenpflege 107f
Bettfedern, quietschende 200
Bier, schales 70
Bilderhängen 196
Bilder, verrutschende 196f
Birnen 47
Biskuitteig 41
Blaubeeren, eingefrorene 56
Blaukraut s. Rotkohl
Blumen
-kästen 183
-kohl 15
-tips 182f
-töpfe 181
-zwiebeln 185
Bohnen
-kraut 61
–, weiße 15
Bohnerbesen reinigen 108
Bohnermaschine (Bürsten) reinigen 108

Bohnerwachs, flüssiges 106
Bohrlöcher, Tiefe der 191
Bolzen, verrosteter 193
Borretsch 62
Bowle, frische 230
Braten 28f
Bratwürste 27
Brauseköpfe, verstopfte 91
Brettertüren, Tapezieren von 205
Briefmarken 243
Brillenetui, Topflappen als 69
Brillen reinigen 110
Broccoli 15
Brötchen, warme 72
Brot 77
–, eingefrorenes 57
–, Frischhalten von 52
Brühe, klare 12
Bücher, Trocknen von 243
Bügeleisen reinigen 110
Bügeln, Wohlgeruch beim 125f
Bügelwäsche, eingefeuchtete 70
Butter 72
–, eingefrorene 57
Buttermilch-Ersatz 37

Camembert, Einsinken bei 26
Camping-Platz 239
Camping-Tische auffrischen 200
Chenille, fusselnde 125
Chilisoße 77
Chips, eingefrorene 57
Chrom, Säubern von 97
Chromteile reinigen 82
Coca-Cola 77
Creme-Spülung (Ersatz) 150
Curry 62

Datteln, ausgedörrte 70f
Dauerwellen 151
Deodorant-Tips 156
Dielen, knarrende 105, 200
Dill 53, 62
Diner 227
Druckknöpfe annähen 141
Dünger 184
Duschen, Glastüren von 91
Duschvorhänge
–, Schimmel an 90
–, Stockflecken an 90

Edelsteine reinigen 133
Eichenmöbel 98

Eidotter, frische 52
Eier 21-24
–, angeknackste 23
–, eingefrorene 57
-ersatz 37
–, frische 21
–, Frischetest bei 21
–, hartgekochte 22
-schachteln 71
-schalen, Nutzung von 71
–, Tips für 24
Eigelb 23f
Eigengeschmack, Verstärken des 74
Einfädeln 140
Einfrieren 56-59
Einlegesohlen, preiswerte 131
Einmotten 137f
Eintopf, zuviel Fett im 74f
Einweich-Eimer 115f
Einzugsparty 227
Eiskratzer, Teigschaber als 69
Eiswürfel 229
Eiweiß 24
Enten 31
Erbsen 16
Erdbeeren 47, 188
Eßkastanien schälen 50
Estragon 62

Falten
– beseitigen 136
– entfernen 125
-röcke bügeln 126
Farbe
–, klumpige 211
–, verspritzte 209
Farbgeruch vermeiden 210
Farbkübel 207
Farbmuster 211
Farbreste 207, 211
Farne 181
Federkissen auffrischen 124
Feigen, ausgedörrte 70f
Feilen reinigen 197
Feinwäsche waschen 117
Fenster 112f
-bretter, gestrichene 112
-kitt 210
-leder, hartes 113
-putzen 112
– reparieren 199f
– streichen209
Fernseher reinigen 110

Feuchtigkeitsmaske 152f
Feuchtigkeitsspender 151
Filigranschmuck reinigen 134
Filme 70
Fingernägel, brüchige 148
Fischbassin reinigen 172
Fisch 172
-essen 228
-fleisch, dunkles 35
–, gekochter 35
-gerichte 33
–, Geruchsfresser für 34
– Tips 33f
–, Vorbereitung von 33
Flecken entfernen 120ff
– Blutflecken 122
– Fettflecken 121
– Flecken, festgewordene 122
– Kaffeeflecken 122
– Kerzenwachs 120
– Klebstoff, farbloser 122
– Kugelschreiberflecken 120
– Obstflecken 120
– Rostflecken 120f
– Schuhcremeflecken 121
– Schweißflecken 121
– Teeflecken 122
– Teerflecken 121
– Versengtes 121
– Wachsmalkreiden 120
Flecken verschönern 166
Fleckenwasser, selbstgemachtes 120
Fleisch, angebranntes 75
Fleischgerichte 26-30
Fleischwolf 83
Fleisch, zartes 28
Fliegen 212, 236
– vertreiben 176
Flöhe, Schutz vor 170
Flusensieb reinigen 118
Formen ausfetten 42
Fotoapparate 237f
Fotos 244
Freßnapf, rutschender 169
Frikadellen 26f
Frisiertisch, Ordnung auf dem 155
Frisur, Schutz der 151
Frostschutzmittel 216
Früchte, Nachreifen von 49
Füttern des Babys 160

Gänse 31
Gästebett-Ersatz 165

Garage 218f
Garagenboden, Reinigen des 222
Gardinen waschen 118
Garten
-arbeit 185-188
-fest, Tips für das 233
-geräte 186
-möbel 99
-schläuche, ausgediente 184
Gasrohr, Leck im 195
Gebratenes, angebranntes 76
Geflügel
– aufwärmen 33
–, Füllung von 32
–, gefrorenes 32
–, Zubereitung von 30
Gefriertruhe, Pannenhilfe für die 59
Gelee, kristallisiertes 71
Gemüse 15-21
-brühe einfrieren 57
Gepäck 236
Geschenkpakete, postfertige 225
Geschenkpapier
– aufbewahren 224
–, gebrauchtes 224
Geschirr 83-87
-spülen 82f
Gesichtskur 152
Gesichtsmaske 153
Gewürze, Tips für 61
Gewürzgurken, eingefrorene 58
Gips 206
Glasprobleme 86
Glasscheiben
–, blinde 113
–, undurchsichtige 113
Glas spülen 85f
Glastischplatten, Pflege von 97
Glasuren 44
Glückwünsche, originelle 226
Glühwein 229
Glycerin 148
Goldschmuck reinigen 133f
Grapefruit 48
Grasvernichter 185
Grillen, Tips zum 232
Grillgeräte, saubere 233
Grillparty 231f
Grünspan 196
Gummis
–, ausgeleierte 142
– einziehen 142
Gußeisentöpfe 84

Haar
–, fettiges 149
–, fliegendes 150
–, gefärbtes 150
–, Glanz im 150
–, graues 150
-pflege 149
–, schönes 149ff
Hackbraten 27f
Hähnchen, frische 30
Hände
– gepflegte 148f
– rauhe 148
Handschuhfach 220f
Handwäsche, schnelles Trocknen der 125
Haut
–, Entspannung der 152
-pflege 151ff
–, unreine 152
Hecken 186ff
– schneiden 186f
Hefe 40
-teig 40
-teig, Aufgehen des 40
Heidelbeeren s. Blaubeeren
Heimwerker, Tips für 190–200
Heizkörper reinigen 110
Holz
-flächen, Kratzer auf 94f
Holzfußböden
–, Absatzspuren auf 105
–, Schaukelstuhl auf 105
–, Teerflecken auf 105
–, unversiegelte 105
Holz
–, Hochglanz bei 99
-latten, rohe 199
-möbel 57ff
-oberflächen, Kerzenwachs auf 96
–, Politur entfernen von 93
-tische, altes Wachs auf 99
–, Wasserflecken auf 95f
–, Wasserringe auf 95f
-würmer 196
Honig
–, Frischhalten von 52
–, kristallisierter 71
-melone 48
Hotelzimmer 235
Huhn, ungekochtes 32
Hunde 168ff
– chemisch reinigen 168

-hütte, Fliegen in der 170
–, junge 168f
–, Medizin für die 169
–, Pflegetips für 169
–, Streusalz bei 170
–, stubenreine 168
–, Wurf bei 168
Hummer aufpolieren 35

Ingwer 62
Insektenstiche, Erste Hilfe bei 176

Jalousetten 112
Jeans 123
–, Bügelflicken auf 146
-flicken 146

Kacheln, strahlende 89f
Käse 25f
–, alter 26
–, eingefrorener 58
–, frischer 25
–, Frischhalten von 53
–, Reibetips für 25
– richtig geschnitten 26
Kaffee, eingefrorener 57
Kaffeemaschine 84
Kapuzenbänder 166
Karotten 16
Kartoffelbrei 17f
–, eingefrorener 58
Kartoffeln 17f
–, Frischhalten von 52f
– im Ofen gebacken (baked potatoes) 17
–, welke 18
Kartoffelpuffer 18
Katzen 171
– Ernährung 171
-erziehen 171
–, Spielsachen für 171
Kehrichtschaufel 107
Kekse, angebrannte 76
Kerbel 62
Kerzen 110f
-leuchter 111
Ketchup 72
Ketten entknoten 133
Kinderbett-Ersatz 236
Kindergeburtstag 226
Kinderkleider verlängern 146
Kinderzimmer, Tapezieren des 205
Kirschen 188
Klaviertasten reinigen 111

251

Klebeband, rückstrahlendes 221
Kleben, Tips für das 197
Klebeverbindungen 193
Kleider
–, anhaftende 136
–, Ausfärben der 118
–, ausgetragene 166
– säumen 143
Klempnerarbeiten 200
Knoblauch 62
–, eingefrorener 57
–, Frischhalten von 53
–, Überschuß von 75
Knochen 11f
Knöpfe 141, 166
–, lose 141f
Knopflöcher 142
Kochbuch 11
Kofferraum 220
Koffer reparieren 237
Kohl 18
–, eingefrorener 58
Kokosnüsse öffnen 49f
– zerkleinern 50
Korbmöbel, Tips für 97
Kordsamt, Fusseln auf dem 117f
Koriander 63
Korkenzieher, Fehlen des 71
Krabben 34
Kräuter
–, eingefrorene 58
–, Tips für 61
– trocknen 66
Kragen 123
–, vergilbter 123
Krankheiten bei Kindern 162f
Kreuzfahrten 238
Kuchen
–, angebrannter 75
–, feiner 41-44
–, Früchte im 41
–, Kühlschrankgitter für 69
-mischungen, fertiggekaufte 41
–, Rosinen im 41
–, Schokolade im 42f
–, süßer Belag auf dem 43
Küchen
-geräte 83-87
-kräuter, Frischhalten von 53
-schaben 174
-wände, Reinigen der 80
Kümmel 63
Kugelschreiber säubern 111

Kunststoff
-böden 106f
-oberflächen, Pflegen von 96
– Polster, Pflegen von 97
Kuverts 244

Lackschuhe 129
Laufmaschen stoppen 136
Leber 28
Leder
-kleider reinigen 131f
-pflege 131f
-polster, Pflegen von 97
-tischplatten, Säubern von 96
Leinenbezüge, verschmutzte 98
Leitern 198f
Lernen, spielerisches 164
Liebstöckel 63
Linoleum 106f
-ränder kleben 107
– reinigen 106
Lippen
-glanz 155
-stift, abgebrochener 156
Löwenzahn 185f
Lorbeerblätter 63

Mäuse 174
Maiskolben 18
Majoran 63
Make-up 154ff
– Entferner 155
Maniküre 148
Marinieren, Tips zum 232
Marmor, Flecken auf 96
Mayonnaise, selbstgerührte geronnene 77
Medizin für das Baby 161
Meerrettich 63f
Mehlbestäuber, Puderquaste als 70
Mehl-Ersatz 38
Messen 197
Messer, rostfreie 84f
Metallmöbel 97ff
Milch
–, angebrannte 75
– Ersatz 36
–, saure (Ersatz) 37
Mixer 83
Möbel
–, Flecken auf 94-97
–, Kratzer auf 94-97
– polieren, geschnitzte 93

-politur 93
Mülltonne 103
Mundpflege 156
Muscheln 35
Muskat 64

Nägel 190f, 195f
Nähgarn 145
Nähmaschine, Ölen der 144
Nähmaschinennadel schärfen 140
Nähsachen, Aufbewahrung von 140f
Näh-Tricks 142-146
Nagelfeilen, improvisierte 148
Nagellack
– alter 149
-flasche, verklebte 149
–, schnelles Trocknen von 149
Nagellöcher 206
– markieren 204
Nahrungsmittel, Schneiden klebriger 72
Naturfaser-Teppiche, geflochtene 102
Nelken 64
Nudelholz, Flasche als 69
Nudeln 35f
–, Überkochen von 35
Nüsse 49f
– Ersatz 38

Obst schneiden 46
Ölen, müheloses 198
Oliven
–, eingefrorene 58
-öl, Frischhalten von 53
Orangen 48
-schalen, eingefrorene 59
Oregano 64

Pampelmuse s. Grapefruit
Papier, an Holz geklebtes 94
Paprika 64
-schoten, eingefrorene 57
Parfüm
-duft 155
-flecken 99, 156
– umfüllen 155
Parkett
–, Kratzer im 105
–, Putzmittel für das 105
Pelz 132
-mäntel 132
Perlen reinigen 133f
Petersilie 53f, 64
Pfannen 84

Pfeffer 65
Pflanzen
–, gerades Wachstum der 179f
-blätter säubern 180
–, Unterbringung der (in der Ferien) 179
Pilze 19
Pinsel 207f
– reinigen 208
Pinzetten 154
Pizza 35f
Plätzchen, angebrannte 76
Plastik-Baby-Flaschen 158
Plastikbeutel für das Packen 235
Polstermöbel 97ff
Polsterreiniger, gebrauchsfertige 98
Pommes frites 17
Porenreiniger 152
Porzellan, zartes 85
Post verschicken 243
Puderzucker-Ersatz 38
Pullovertrocknen, schnelles 119
Punsch 229
Puter s. Truthahn
Putzrisse ausbessern 205

Quark, Frischhalten von 54

Radiatoren reinigen 110
Radieschen 14
Rahm s. Sahne
Rasen 184
–, Gießen des 184
-mähen, Tips für das 184f
Rasierklingen 198
Regenmäntel, wasserdichte 122
Reifen 216, 218
Reis, angebrannter 76
Reisebett für das Baby 160
Reisen 235-239
Reißverschluß 116, 136, 141f
Rezepte
–, griffbereite 10
–, saubere 10
Rindfleisch, mariniertes 28
Ring, feststeckender 135
Rosinen 48, 70f
Rosmarin 65
Rotkohl 19
Rüben, rote 20

Sahne
–, eingefrorene 58

–, saure (Ersatz) 36f
–, süße (Ersatz) 37
Salat 13f
– aufbewahren 13
–, frischer 13
–, Frischhalten von 54
–, welker 13
-schüssel, Tips für die 14
Salbei 65
Salz 66, 78
–, Überschuß von 74
Salzen, richtiges 66
Samen, alte 187
Sauce Hollandaise, geronnene 77
Saum 143, 145f
-falten beseitigen 136
Schädlinge 175
Schädlingsbekämpfung 180
Schallplatten, gewellte 200
Schaumbad-Ersatz 154
Scheibenwischer 217
Schleifen 193
Schleifpapier, haltbareres 193
Schleifstein, improvisierter 198
Schlösser, eingefrorene 217
Schmalz 78
Schmirgeln 193
Schmuck
–, Aufhänge-Ideen für 132f
–, dekorativer 132-135
–, einfacher 134f
Schnee, gebackener 72
Schneidebrett (Ersatz) 70
Schnellfrisur, perfekte 151
Schnittblumen 181
Schnittlauch 53
Schnittmuster 145
Schnitzel 28
Schnuller 161
Schnur 194
– Behälter 224
Schränke reinigen 80
Schrauben 190f
-zieher 190
Schreibmaschinen 242
Schreibsachen 242
Schubladen, klemmende 193
Schuhcreme, eingetrocknete 131
Schuhe
–, drückende 131
–, glänzende 128
–, knarrende 131
–, Kratzer auf 128f

–, neue 130
-putzen, Tips zum 128
–, regennasse 130f
–, Streifen auf 128f
Schuppen-Probleme 149
Schweinebraten, knusprige 29
Sekt (Champagner) 230
–, schaler 231
Sellerie 20
Senfpulver 65
Sicherheits-Tips bei Kindern 162, 165
Sicherung 199
Silber
– aufbewahren 86f
-fische 175
– putzen 86f
-schmuck reinigen 134
Sirup, kristallisierter 71
Skihosen, selbstgemachte 136
Skijacken 166
Skipullover 166
Sommerfrische mit Kindern 165
Soßen 26-30
–, zu blaße 29f
–, zu dünne 74
–, zuviel Fett in der 74f
–, perfekte 29
–, weiße 30
Spaghetti 36, 78
–, zusammengeklebte 76
Spalier, selbstgemachtes 180
Spargel 20
Speck 26
Speiseeis 54
Speiseöl 78
Sperrholz sägen 193
Spielhäuser 164
Spielhosen 143
Sprudelwasser, abgestandenes 70
Spülbecken 81ff
–, Kalkflecken am 81f
–, Rostflecken am 81f
Spülgang, letzter 117, 123
Spülschwämme 83
Spültücher 83
Spule aufwickeln 145
Stahlmöbel, Rost an 97
Stahlwoll-Kratzer 83
Staubsauger 108
Staubwischen 108
Steaks 28f
Stecklinge 185
Stickereien bügeln 126

Stiefel 129
Stoff, dicker 140
Stopfen 143f
Streichen, Arbeitsunterbrechung beim
  212
Strom, Ausfallen des 71
Strumpfhosen 126
–, haltbarere 135
Stuhlbeine, wacklige 192
Stuhlsitze, durchgesessene 93
Suppen
–, angebrannte 11
–, zuviel Fett in 74f
–, geronnene 11
–, klumpige 11

Tankdeckel, Verlieren des 222
Tapeten
– entfernen 202
– flicken 202
-reste 204
-risse 205
–, Schmierflecken auf 204f
Tapezieren 202f
Tauchsieder entkalken 110
Taschenlampen 239
Teig 41
–, am Nudelholz angeklebter 76
Telefonnummern ordnen 243
Tennisbälle 77f
Tennis-Schuhe 129
Teppich
–, Alleskleber auf dem 103
– aufhellen 102
–, Brandflecken auf dem 101
–, Druckstellen auf dem 102
–, Flecken auf dem 101
-fransen 103
-kanten, aufgebogene 103
–, Kaugummi auf dem 103
–, Kugelschreiberflecken auf dem 103
–, Shamponieren des 102
–, Wachsflecken auf dem 102
Thunfisch 35
Thymian 65
Tisch
-karten 226, 228
–, Schonung des 99
–, wackliger 192
Toastbrot ohne Toaster 71
Töpfe 84
Toiletten-Ablagerungen 91
Tomaten 20

-saft 78
Topfschränke reinigen 80
Tortendekoration 44
Treppen streichen 208
Trichter, Tüten als 69
Trockenshampoo, selbstgemachtes 151
Trockner, Wäsche im 124
Tropfenfänger 210
Truthahn 31
Tür
–, Aushängen der 199
–, Einhängen der 199
–, klemmende 195
Türen, gestrichene 112

Umzug 241f
Ungeziefer 174ff
Unkrautvernichter 185
Unterwäsche, Waschen der 118

Vase, leckende 193
Vaseline 198
Vergilben von weißer Farbe 210
Verletzungen bei Kindern 162f
Vögel 172
Vogelbäder 172
Vogel-Tips 172
Vorhänge 113
– kürzen 143

Wacholder 65
Wäsche 115-119
–, bügelfeuchte 125
–, kalte 119
-leine, Waschen der 124
Waffeleisen 85
Walnüsse schälen 50
Wand
–, Fettflecken an der 80
–, Stahlpfosten in der 194
Waschbecken säubern 89
Waschmaschine
– reinigen 123
–, überschäumende 117
Wasser
-hahn, tropfender 90
-kessel 85
-melonen 48
Wein
–, angebrochener 231
–, saurer 70
Weißeln 210
Weißwäsche 115

Werkzeuge
–, Ordnung bei 192
–, Rost an 194
Wespen beseitigen 175f
Wickeltisch 158
Wildleder 132
-schuhe 129f
Windeln 159
– flicken 158
Windschutzscheiben 217f
–, eisfreie 216
Winterkleidung, Tips für die 166
Wirsingkohl 21
Wohnwagen, Haken am 239
Wolle, falsch gewaschene 117
Woll-Pullover 119
Würzen, salzloses 67
Wurst 54

Zähneputzen 156
Zahnpastatube, Lösen des Deckels der 90
Zahnputzglas 90

Zangen, Druckstellen von 191
Zecken entfernen (beim Hund) 170
Zigaretten
– Brandlöcher 93f
-kippen 218
-rauch 111
Zimmerpflanzen
–, geknickter Stiel bei 180
– gießen 178f
Zimt 65f
Zinngerät 111f
Zitronen 48f
-melisse 66
-schalen, eingefrorene 59
Zucker, Überschuß von 74
Zündhölzer 239
Zuschneiden 144f
Zuschneidetisch 144
Zwiebeln 21
–, eingefrorene 57
–, Frischhalten von 54
Zwiebelsalz 67
Zwiebelschneiden 21